W0247739

Weck den Veganer in dir!

Impressum

1. Auflage 2014

© 2014 Regine Mauer
Albert-Lortzing-Straße 5 · 76275 Ettlingen
www.veggireggi.de

Das Werk einschließlich aller Inhalte ist urheberrechtlich geschützt. Alle Rechte vorbehalten. Nachdruck oder Reproduktion (auch auszugsweise) in irgendeiner Form (Druck, Fotokopie oder anderes Verfahren) sowie die Einspeicherung, Verarbeitung, Vervielfältigung und Verbreitung mit Hilfe elektronischer Systeme jeglicher Art, gesamt oder auszugsweise, ist ohne ausdrückliche schriftliche Genehmigung des Verlages untersagt. Alle Übersetzungsrechte vorbehalten.

Rezepte: Regine Mauer · www.veggireggi.de
Fotos: Pauline Fabry · www.paulinefabry.de
Texte: Sandra Walzer · www.frl-ideenfinderin.de
Satz und Layout: Joachim Waledzik · www.waledzik.de
Titelbild: © Klaus Wessela · klaus.wessela@online.de

Druck: Kraft Druck GmbH
Industriestr. 5-9 · 76275 Ettlingen
www.kraft-druck.de

Printed and bounded in Germany 2014

Gedruckt auf FSC-Papier

ISBN 978-3-00-047222-0

Inhalt

Mitwirkende

Meine Vita
und warum dieser Begriff so gut passt wie nie

Vita, im Lateinischen „Leben", beschreibt den Lebenslauf, die Dokumentation der bisherigen Stationen einer Person. Für mich passt der Begriff perfekt: Meine „Ernährungs-Vita", mein Leben dreht sich eben um gesunde Ernährung. Ich bin Regine Mauer, Freunde nennen mich Reggi. Und irgendwie wurde irgendwann die VeggiReggi daraus. Geboren wurde ich, wie übrigens alle Menschen, als Veganerin, also als Gemüse- und Obstesserin. Einfach so! Als Kind, ich erinnere mich gut und gern, bin ich mit wunderbaren Radieschen-, Gurken- und Tomatenbroten aufgewachsen – also so, wie man es wohl gesund nennen würde. Limonade oder Cola? Gab es nicht. Käse auch nicht, Fleisch und Wurst wenig. Pizza, Hamburger, Fast Food? Kannte ich nicht. Was ich kannte, waren die fantastischen frischen Gerichte meiner Mutter. Und den riesigen Garten meiner Großeltern. Sie waren Selbstversorger, Opa arbeitete im Garten, Oma hat den ganzen Sommer hindurch die Früchte dieser Arbeit geerntet und verwertet.

„Liebe VeggiReggi: Das kenne ich. Johannisbeeren ,zopfen' hieß es bei uns …"

„Genau. Ich weiß noch, in der Beerenzeit: Die ganze Familie kam und pflückte und pflückte und pflückte. Direkt von den Sträuchern haben wir sie gegessen, der Rest kam als Saft in Flaschen, als Konfitüre in Gläser, oder wurde eingeweckt."

Wenn es Fleisch gab, dann von Tieren, die wir persönlich kannten – wie zum Beispiel von unserem Schwein. Das wiederum wurde sehr gesund ernährt und war, davon bin ich überzeugt, ein glückliches Schwein. Wenn im Herbst der Metzger kam, hatte es keine Angst … es wusste ja nicht, was es erwartet. Im Frühling nahm meine Oma mich mit in den Wald, junge Tannentriebe für Tannenhonig pflücken. Im Naturkeller lagerten selbst gemachter Most, Kartoffeln und Möhren, unzählige Pfifferlinge (die ich noch heute liebe) – die Jahreszeiten, in Kisten und Gläser verpackt – und die beste Ernährung für uns. Aus der Nähe, aus der Natur. Mangel? Litten wir keinen, im Gegenteil. Und dann? Kam mit mehr Geld mehr Fleisch, alles wurde besser (dachten wir), anonymer. Butter unter der Leberwurst – ein Genuss! Kartoffelsalat mit Würstchen, Schnitzel, … ich liebte es. Wen ich aber noch mehr liebe, ist mein Mann Michael. Ähnlich aufgewachsen wie ich, als wir uns kennenlernten ähnlich begeistert von Frikadellen & Co. Doch die Verdauung machte Probleme, und so begannen wir, uns mit der Ernährung zu beschäftigen. Wir probierten viel, aber nichts half. Dabei waren wir, hurra! sogar Vegetarier geworden. Und nahmen kiloweise Eier, Milchprodukte, Käse zu uns. Schließlich ließen wir immer mehr tierische Produkte weg, wurden Veganer – und gesund. Verdauungsprobleme adieu! Heute essen wir hauptsächlich Rohkost, im Winter auch mal etwas Warmes. Auf den Teller kommen so oder so nur frische Produkte in echter Bioqualität. Natürlich haben wir uns zu Beginn gefragt: Ist das überhaupt gesund, überwiegend Grünes zu essen? Hier tritt der Gorilla auf den Plan, als ausgeprägter Pflanzenfresser. Schauen wir ihn uns doch mal an: Er hat definitiv weniger Probleme mit Muskelschwund als mit dem Verschwinden des Regenwaldes. Er ist stark, gesund, fit – und hat es deshalb auf unser Buch geschafft. Unser Sinnbild des Veganers.

Was ich mag, ist die Frische auf dem Tisch. Was ich dagegen nicht mag, ist Stunden in der Küche zu verbringen. Einfache Rezepte müssen es sein, schnell umzusetzen, oder anders gesagt: auch von meinem Mann umzusetzen. Gerichte, die gut schmecken, gesund sind und sich unkompliziert zubereiten lassen. Rezepte wie in diesem Buch. Genau deshalb mag ich diese Sammlung, und ich hoffe, ihr mögt sie auch.

Ausgerechnet vegan…

Liebe VeggiReggi: Warum?

Ganz einfach:
Weil es dem Körper gut tut.
Weil es dem Geist gut tut.
Weil es der Umwelt gut tut.
Weil es den Lebewesen gut tut.
Weil es dem Geldbeutel gut tut.
Weil es die natürlichste Ernährung ist.

Das viele Grün…

Liebe VeggiReggi: Ist das wirklich so wichtig?

Die Antwort ist ganz einfach: Ja.

Allem voran stecken Eiweiß und Eisen in grünem Gemüse – gerade für uns Veganer ganz wichtig. Dazu Kalzium und Magnesium, und natürlich Chlorophyll, das grüne Pigment. Dieses wirkt harmonisierend, fördert die innere Gelassenheit, kurz: Es schenkt lebendige Energie. Die Bitterstoffe in grünem Blattgemüse mobilisieren außerdem die Abwehrkräfte, stärken das Immunsystem.

Kommt da nicht wieder der Gorilla ins Spiel?

Genau. Genetisch betrachtet sind Mensch und Affe zu 99,4% identisch. Beide stammen wir aus der Familie der Primaten, aber irgendetwas auf dem Entwicklungsweg haben die Affen besser gemacht als wir – sie leiden nicht an Krankheiten wie Krebs, Parkinson oder Alzheimer. Und sie ernähren sich zu einem sehr großen Teil von Wildkräutern. Ich komme nochmal auf das Eiweiß: Grünes hat extrem viel davon, fast die Hälfte besteht aus Proteinen. Mit ein Grund, warum der Gorilla so viele imposante Muskeln hat. Und das gilt nicht nur für ihn, sondern auch für Kühe, Pferde … eben alle, die große Mengen Grün zu sich nehmen.

Einer meiner Lieblingssprüche heißt deshalb auch:

„Immer, wenn du Grün siehst: Sperr den Mund auf!"

Naja, außer, es ist eine Ampel. Aber ihr wisst sicher, wie ich das meine. Grünes ist einfach lebenswichtig. Grünes Gemüse ist frisch und knackig, grüne Salate und Blätter machen satt und sorgen für Abwechslung. Grün ist die Hoffnung, und Grün ist das Leben. Esst mehr Grün!

Ein paar Gedanken zur Ernährung
und was im Körper Wichtiges passiert

Ernährung bedeutet Arbeit für den Körper. Verdauung, Verbrennung, Verwertung. Viele Organe sind im Einsatz, es gibt ordentlich zu tun. Der Darm zum Beispiel kann aber nicht selbst sortieren – er muss mit dem leben, was er bekommt. Und wenn wir sagen, „es bekommt mir nicht", dann hat er darunter zu leiden.

„Ha, genau, VeggiReggi, das kenne ich! Völlegefühl, aufgebläht sein, der Magen wehrt sich. Ich fühle mich zwar satt, aber unwohl. Und habe zwei Stunden später wieder einen mords Kohldampf. Wie kann ich das vermeiden?"

Nicht schön, aber leider gar nicht so selten. Dabei ist es im Prinzip ganz einfach: Wir können bewusst eine Zusammensetzung der Nahrung wählen, die unserem Verdauungssystem entgegenkommt. Mit der Zeit geht das sogar automatisch, wir spüren und erkennen ganz von allein, was unser Körper gerade braucht. Das mag zu den verschiedenen Jahreszeiten völlig unterschiedlich sein – und genau das macht es so spannend, lecker und abwechslungsreich. Wir sollten keine Schablone auflegen, uns nicht strikt nach Plan ernähren, sondern uns auf unsere Intuition verlassen. Natur pur, sozusagen. Die angeborenen Talente wieder erwecken und nutzen. Halt! Nein! Nicht gleich blind losrennen und essen. Damit meine ich nicht, alles, was uns in die Hände fällt, auch in uns hineinzustopfen. (Habe ich auch schon ausprobiert, ist definitiv nicht gut, glaubt mir.) Die natürliche Ernährung bleibt im Vordergrund. Suchen wir also das Beste für uns aus, das uns die Natur in der jeweiligen Jahreszeit bietet. Während wir uns ganz entspannt an Avocado, Bohnen und Champignons freuen, quälen sich andere mit täglich neuen Theorien und Diäten.

Da schütteln wir lieber den Kopf und lassen einfach mal die industriellen Dinge wie raffinierten Zucker, raffiniertes Salz, Weißmehl (und alle Produkte daraus wie Nudeln, Kuchen etc.) weg. Verzichten auf Hefe, Sauerteig und Essig, raffinierte Öle und Fette. Machen einen Bogen um alle Fertigprodukte – und haben so ganz fix einen riesigen Schritt in Richtung gesunde Ernährung gemacht. Wenn wir dann noch wissen, welche Speisen optimal zusammenpassen, ist der Veganer in uns schon nahezu hellwach. Moment, zusammenpassen? Ja, es gibt da ein paar Dinge, die wichtig sind.

Ding 1: Junges Grünes im Frühling. Der Frühling bietet uns Löwenzahn und Brennnesseln (doch, wirklich! Traut euch!), Radieschen und Frühlingszwiebeln. Dazu: Körner- und Hülsenfrüchte, Nüsse, neue Kartoffeln.

Ding 2: Viel Rohes im Sommer. In den heißen Sommermonaten ist Rohkost das Praktischste, und auch das Beste. Die Auswahl ist jetzt am größten, Körnerfrüchte und Nüsse treten zurück.

Ding 3: Erntevielfalt im Herbst. Er verwöhnt uns mit Obst und Gemüse, vor allem mit nicht winterfesten Sorten. Körner und Nüsse jetzt nur sparsam verwenden.

Ding 4: An die Vorräte im Winter. In der kalten Zeit stehen Körnerfrüchte im Vordergrund, außerdem Obst und Gemüsesorten, die sich lange halten. Karotten, Wirsing, Grünkohl, Rot- und Weißkraut, Kürbisse, Kartoffeln; dazu Äpfel und Südfrüchte – die wirken wie konservierte Sonnenstrahlen. Zum Beispiel Orangen, Zitronen, Pampelmusen, Ananas.

Ding 5: Die Kombinationen. Was passt zu wem? Mit ein bisschen Übung und Feingefühl habt ihr den Dreh und die Paare schnell raus, versprochen.

Körner passen zu Hülsenfrüchten, Gemüse, Obst, Beeren, Nüssen und Pilzen.
Nicht: zu Kartoffeln.

Obst passt zu Körnern, Gewürzen, Melonen, Beeren, Nüssen, Honig, Rhabarber und Salz.
Probiert das mal! Nur eine Prise natürlich.
Nicht: zu Gemüse, Salat, Hülsenfrüchten, Kartoffeln, Wasser, Zucker.

Gemüse passt zu Körnern, Mehlspeisen, Hülsenfrüchten, Kartoffeln, Kräutern, Beeren, Melonen, Zitronen, Limonen, Äpfeln, Pilzen, Öl und Avocado.
Nicht: zu Mehlschwitzen, Obst.

Beeren passen zu Obst, Nüssen, Körnern, Kartoffeln, Gemüse (besonders Wurzelgemüse).
Nicht: zu Wasser, Hülsenfrüchten, Pampelmusen, Zucker.

Kartoffeln passen zu gebräuntem Mehl, Öl und Zitronen, Gemüse, Apfelmus, Pilzen, Ananas.
Nicht: zu Körnern, Erdbeeren, Reis.

Hülsenfrüchte passen zu Körnern, Gemüse (besonders Wurzelgemüse), Pilzen.
Nicht: zu Obst und Beeren.

12 Tipps
und warum sie alle wirklich wissenswert, einfach und wichtig sind.

Tipp 1: Körner

• Sie unterstützen das Wachstum in jungen Jahren. Je älter wir werden, desto weniger Getreide brauchen wir. Wenn unsere Körper erwachsen, also „fertig aufgebaut" sind, brauchen wir dagegen mehr Gemüse und Obst als Antreiber für die Verdauung und als Mittel, um die Reinigungsprozesse im Körper in Gang zu setzen.

• Sie können sogar bei Verdauungsstörungen gegessen werden – wenn sie gekocht und durch das Sieb geschlagen werden.

• Körner bitte immer einweichen.

• Körner immer bräunen (dextrinieren, d.h. im Ofen oder in der Pfanne ohne Fett rösten); dann brauchen sie nur 5 bis 10 Minuten zu kochen um verdaulich zu sein.

• Hafer muss 5 bis 7 Stunden kochen, damit er gut verdaulich wird. Haferflocken daher 6 Stunden einweichen, dann 20 Minuten kochen – oder einfach über Nacht einweichen und am nächsten Morgen mit Fruchtsaft anrichten. Extra-Vorteil: Ein solcher Haferbrei neutralisiert Säuren.

• Körner immer mit 1 TL Kokosöl kochen, erst nach Ende der Kochzeit salzen.

• Die Kombinationen:
Körner passen zu Hülsenfrüchten, Gemüse, Obst, Beeren, Nüssen und Pilzen.
Körner passen nicht zu Kartoffeln.

eießen Sie auch weitere
eskringel, Paradieskuchen....
estellung unter www. bettinas   nbackstube.de

w.bettinas-keimbackstube.de

Bettina Edmeier
Baumham 6
83349 Palling

Tipp 2: Brot

Deutschland ist das Brotland Nummer 1, unsere Brotkultur soll sogar als Weltkulturerbe ausgezeichnet werden. Das ist eine feine Sache – so lange man nicht nach einem Brot ohne Hefe, Sauerteig oder sonstige Backfermente fragt. Probiert das mal aus: Geht in einen an sich wunderbaren Brotladen, egal ob Biobäckerei, Hofladen, Bäcker um die Ecke, und fragt nach einem hefefreien Brot. Da werdet ihr überrascht sein und wahrscheinlich ohne Brot wieder zur Tür hinaus gehen. Hefe & Co. gehören heute nahezu überall dazu und in jedes Brot, leider.

Salzgetriebenes Brot? Gibt es nicht. Vor Jahren habe ich ein einzige Alternative entdeckt: das Keimlingbrot von Bettinas Keimbackstube.

„Liebe VeggiReggi, Keimlingbrot – was ist das überhaupt?"

Was es mit dem Keimlingbrot auf sich hat, ist schnell erklärt.

Das Brot dort wird nur aus gekeimtem Getreide hergestellt, und auch alle weiteren Zutaten sind vom Feinsten. Ich hatte Glück, mein Bioladen hat dieses Brot in sein Sortiment aufgenommen. Für alle, die weniger erfolgreich sind: Fragt einfach bei Bettina nach(www.bettinas-keimbackstube.de), wer ihr Brot im Angebot hat, oder ihr lasst es euch direkt schicken.

• Hefe- oder Sauerteig gärt im Magen weiter und erzeugt Alkohol im Körper. Der wiederum schadet Herz und Nervensystem; außerdem kennt ihr bestimmt dieses aufgeblähte Gefühl. Hefegetriebenes Weißbrot entwickelt außerdem immer mehr Verlangen danach, also kommt, wenn wir nachgeben, auch immer mehr Alkohol in den Körper. Wenn schon Brötchen oder Brot aus Sauer- oder Hefeteig, dann einfach im Ofen rösten oder toasten. Das Rösten zerstört die Gärungsstoffe und verwandelt Stärke in Dextrin, das leicht verdaulich und nahrhaft ist. Eine schnelle, leckere und übrigens sehr appetitlich duftende Variante.

• Wer selbst backt: Herkömmliches Backpulver enthält meist Alaun und Ammoniak, die eher negativ auf den menschlichen Organismus wirken und schädlich sind. Wenn viel mit Backpulver zubereitet wird, kann das zu Magenbeschwerden führen. Besser: Natron oder Weinstein.

Tipp 3: Obst („Reinigungsmittel" zur Stoffwechselaktivierung)

Obst gehört zu den Lebensmitteln, die Gifte und schädliche Stoffe aktiv aus dem Körper leiten. Als eine Art „Reinigungsmittel" regt es die wichtigen Stoffwechselprozesse an, mit denen der Körper im Gleichgewicht bleibt und nur das Gute zurückbehält, aus dem er Kraft und Energie schöpfen kann.

• Zum Obst gehören auch Avocado und Olive.

• Obst niemals innerhalb einer Mahlzeit mit Gemüse kombinieren, auch nicht als Dessert. Ausnahmen sind Äpfel, Limonen und Zitronen. Grade letztere verwende ich viel, zum Beispiel im Salatdressing.

• Wasser bitte nicht zu einer Obstmahlzeit trinken. Da hatten sie tatsächlich recht, unsere Mamas und Omas; hat auch meine Oma auf gut badisch zu mir gesagt: „Kirsche esse un Wasser trinke – do kriegsch ordentlich Bauchweh!"

• Agavendicksaft ja, Zucker nein.

• Nicht mehr als zwei verschiedene Obstsorten zusammen essen.

• Wenn mehrere Obstsorten, dann ohne Trauben oder Kirschen (beide sind überzeugte Singles). Kern- und Steinobst nicht zusammen – das geht nur als Schnaps.

• Die Kombinationen:
  Obst passt zu Körnern, Gewürzen, Melonen, Beeren, Nüssen, Rhabarber und gerne etwas Salz.
  Obst passt nicht zu Gemüse, Salat, Hülsenfrüchten, Kartoffeln, Wasser, Zucker.

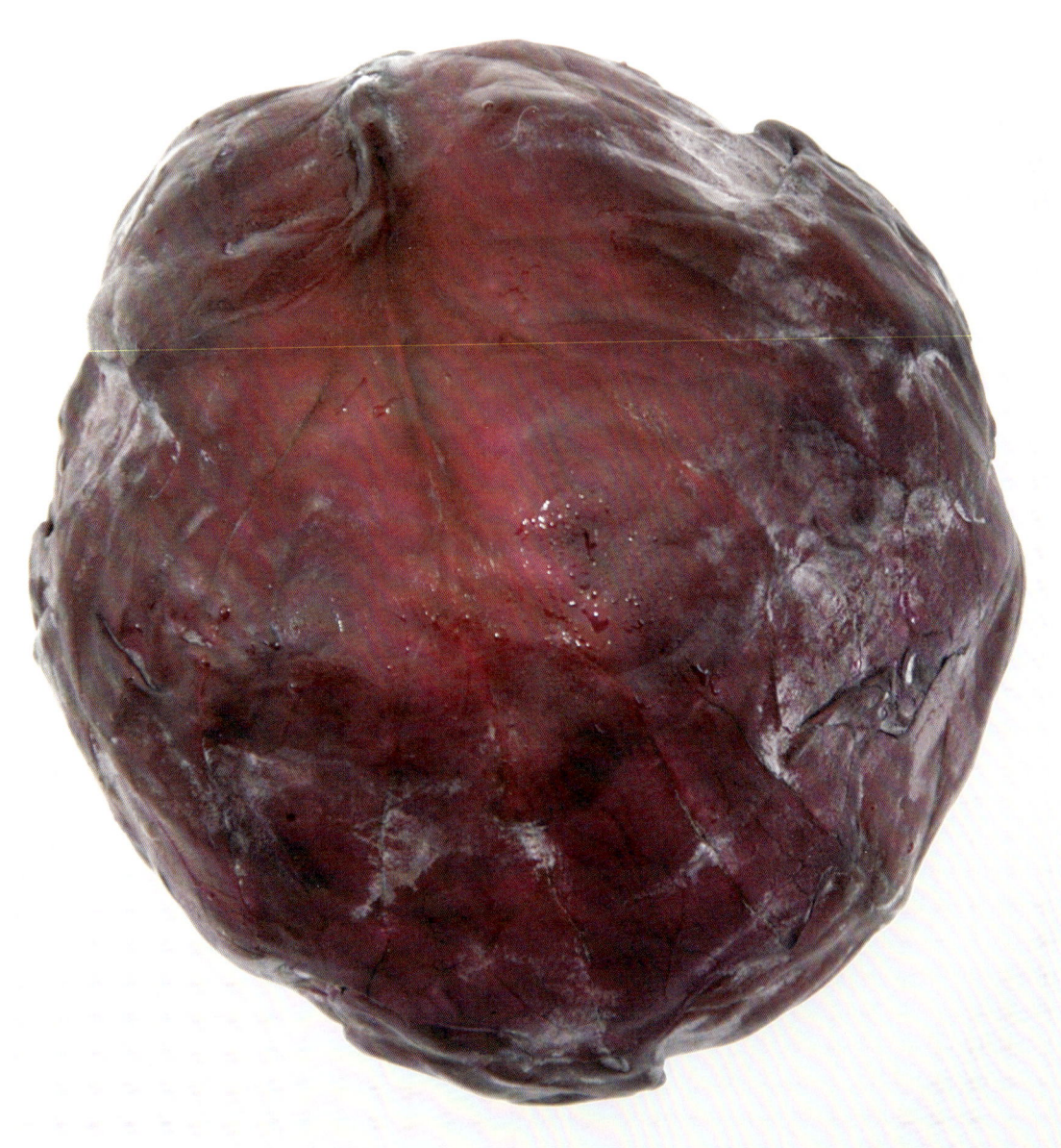

Tipp 4: Gemüse („Reinigungsmittel" zur Stoffwechselaktivierung)

Gemüse zählt, noch mehr als Obst, zu den Lebensmitteln, die unseren Stoffwechsel in Schwung, alles in Balance und giftige Stoffe aus dem Körper bringen. Der Begriff Lebensmittel an sich zeigt es schon: Gemüse brauchen wir zum Leben. Es ist ein wahres Powerpaket, es gibt Energie und Kraft, schmeckt gut und sorgt für gute Laune. Und es ist so vielfältig wie kaum eine andere Nahrung – roh gilt es sogar als Heilmittel, wie Knoblauch und Meerrettich.

• Gemüse nicht mit Obst, sprich Früchten zur gleichen Mahlzeit essen.

• Nie in Wasser kochen – die Mineralien gehen dann ins Wasser und sind somit verloren. Beim schonenden Dünsten und Schmoren dagegen ziehen sich die wertvollen Mineralien im Gemüse zusammen und bleiben erhalten.

„Erzähl mal, VeggiReggi, wie dünstest du das Gemüse denn?"

Am besten in etwas Kokosöl dämpfen, braten, schmoren, oder im eigenen Saft zubereiten. Dazu einfach mit gut schließendem Deckel und bei mäßiger Hitze gar werden lassen. So bleiben alle wertvollen Stoffe erhalten und können vom Körper sogar leichter erschlossen und völlig umgewandelt werden.
Ich sag's ja: Macht es euch und eurem Körper leicht, im wahrsten Sinn des Wortes.

• Mehrere Wurzelgemüse nicht kombinieren, also z. B. keine Karotten mit Sellerie.

• Grüne Bohnen passen nicht zu weißen Rüben.

• Spinat nicht zusammen mit Pilzen.

• Spargel nicht mit Rhabarber kombinieren.

• Erbsen nicht zu Bohnen, Spargel und Artischocken.

• Die Kombinationen:
  Gemüse passt zu Körnern, Mehlspeisen, Hülsenfrüchten, Kartoffeln, Kräutern, Beeren, Melonen, Zitronen, Limonen, Äpfeln, Pilzen, Öl und Avocado.
  Gemüse passt nicht zu Mehlschwitzen und Obst.

Tipp 5: Beeren

Pssst: Wir essen sie ja immer sofort, so wie wir sie gekauft oder gesammelt haben. Ohne irgendetwas dazu, ganz pur. Ein Genuss … Aber natürlich sind sie auch in vielen Rezepten, als Hauptspeise oder Snack großartig – und nebenbei ziemlich wertvoll.

• Unbedingt nur reife und süße Beeren verwenden – aber Achtung vor Überreife! In diesem Zustand verursachen Beeren, wie auch unreife, alte, schimmelige oder angefaulte Beeren, Versäuerung.

• Besonders gesund, nahrhaft und leicht verdaulich: Beeren zu Bratlingen, Pasteten, Kuchen – wenn dazu geriebene Kartoffeln, Wurzelgemüse und Mehl, Reis oder andere Körnerfrüchte verwendet wurden. Dann werden Vitamine und Saline freigesetzt.

• Davor und danach keine anderen Speisen.

• Die Kombinationen:
  Beeren passen zu Obst, Nüssen, Körnern, Kartoffeln, Gemüse (und hier vor allem Wurzelgemüse).
  Beeren passen nicht zu Wasser, Hülsenfrüchten, Pampelmusen, Zucker.

Tipp 6: Essig und Öle

Wer jetzt nur an Salat denkt: Da gibt es noch viel mehr zu sagen und zu verwenden. Zunächst aber: Essig ist unverträglich. Punkt. Er macht im wahrsten Sinn des Wortes sauer, schließlich heißt es ja auch Essigsäure – und das mag unser Körper, speziell der Magen, überhaupt nicht.

• Wenn überhaupt Essig, dann: Apfelessig. Der ist sehr viel milder und verträglicher.

• Noch besser: Zitronensaft. Das ist meine Allzeit-Alternative, denn Zitronensaft wird basisch verstoff-wechselt. Soll heißen, Zitrone schmeckt zwar sauer, gehört aber zu den basischen Lebensmitteln und ist damit gut verträglich und wichtig.

• Öl ist mit seinen ungesättigten Fettsäuren wichtig und richtig. Aber immer sparsam verwenden.

• Für Salat verwende ich ausschließlich Olivenöl, extra vergine (also die 1. Kaltpressung). Manchmal wechsle ich zu Hanföl, dem gesündesten Öl überhaupt. Leinöl enthält am meisten Omega 3 Fettsäuren. Wichtig! Kürbiskernöl ist ebenfalls ein sehr hochwertiges Öl, das mit seinem intensiven Geschmack nicht nur Salat, sondern z. B. auch Suppen verfeinert. Achtung: Alle diese Öle sind nicht zum Braten geeignet.

• Zum Braten verwende ich ausschließlich kaltgepresstes Kokosöl. Das entwickelt beim Erhitzen keine Transfette (wie bei anderen und auch den oben genannten Ölen), außerdem wird es sehr viel heißer als beispielsweise Olivenöl. Kokosöl wird nicht in den Zellen und im Gewebe abgelagert, sondern in der Leber sofort in Energie umgewandelt. Ihr wollt schlank werden oder bleiben? Esst Kokosöl! Viel davon! Extra Tipp: Ein feines Keimlingbrot, dick mit Kokosöl bestrichen und mit etwas Salz bestreut – hmmm. Essen wir gerne.

„Aber VeggiReggi, wie soll ich denn Öl aufs Brot streichen?"

• Schnell erklärt: Kokosöl, für alle, die es nicht kennen, ist in kaltem Zustand fest cremig. Bei Wärme wird es flüssig, deshalb findet ihr diesen Hinweis („Kokosöl erwärmen") auch in vielen Rezepten.

Tipp 7: Zucker und Süßungsmittel

Vorab eine Empfehlung – nehmt doch einfach mal eure „Süßungsgewohnheiten" unter die Lupe. Genau das ist es oft: Gewohnheit. Und wenn man eine Weile verzichtet, merkt man wie gut etwas schmeckt, ganz ohne zusätzlichen Zucker. Wo dann trotzdem ein bisschen Süße fehlt: kein Problem. Auch das schafft der Veganer in dir mit links.

• Zucker verursacht Gärung und Verstopfung. Klingt nicht lecker? Ist es auch nicht.

• Rosinen, Datteln, Apfeldicksaft, Ahornsirup und Agavendicksaft sind hervorragende Süßungsmittel. Wir bevorzugen Birkenzucker (aber den echten, nicht den aus Mais).

Tipp 8: Nüsse und Samen

Meine Damen und Herren, liebe Freunde: Tusch, Trommelwirbel, tadaaa – Bühne frei für die Superhelden auf dem Tisch. Keine Sorge, alles ist in Ordnung. In bester Ordnung sogar, wenn Nüsse und Samen auf dem Speiseplan stehen. Denn sie sind wahre Multitalente, kleine Kraftpakete mit großer Wirkung, vielseitig einsetzbar und wunderbar auf Vorrat zu halten.

• Nüsse sind sozusagen die „Babys der Bäume". Und damit ist in jeder einzelnen Nuss die Energie des ganzen Baumes. Das Gleiche gilt natürlich auch für Samen.

• Eine Handvoll Nüsse deckt den Eiweißbedarf (von Erwachsenen) eines ganzen Tages.

• Erdnüsse sind ganz korrekt Hülsenfrüchte, gehen aber in den Rezepten und Kombinationen als Nüsse durch.

• Eingeweichte Nüsse sind besser zu verwerten und verdauen.

• Die Kombinationen:
  Nüsse passen zu Körnern, Hülsenfrüchten (z. B. als Nussmus in Linsensuppe), Obst und Beeren.
  Nüsse passen nicht zu Zucker.

• Leinsamen haben viel Omega 3, Hanf, Sonnenblumenkerne und Kürbiskerne haben viel pflanzliches Eisen, Sesamsamen enthalten viel Kalzium. Aus Sonnenblumen- und anderen Kernen lassen sich leckere Sprossen zubereiten. Samen stehen bei uns immer auf dem Tisch; ich streue sie gern über Salate.

Probiert doch mal ein ganz besonderes Müsli: VeggiReggis Samenmüsli

• Je 1 EL Samen, z. B. Sonnenblumenkerne, Sesamsamen, Leinsamen, Kürbiskerne etc.
• 8 Stunden in so viel Wasser einweichen, dass die Samen gerade bedeckt sind.
• Mit 1 EL Nussmus vermischen.
• Obst nach Wahl dazu geben.

Tipp 9: Kartoffeln

Die „dolle Knolle" kann ziemlich viel, aber es kommt darauf an, in welchem Zustand sie verwendet wird. Rohe Kartoffeln helfen beim Abnehmen (also Gerichte, die aus rohen Kartoffeln zubereitet werden – natürlich braucht ihr keine rohen Kartoffeln zu essen – ist aber sehr gesund); gekochte Kartoffeln unterstützen die Gewichtszunahme (gut für geschwächte Erwachsene und Kinder).

• Gerichte aus rohen Kartoffeln: Rösti, Bratkartoffeln, Ofenkartoffeln. Rösti und Bratkartoffeln werden bei mir immer aus rohen Kartoffeln und mit Kokosöl zubereitet. Kein Vergleich zu gekochten Kartoffeln! Und es dauert kaum länger. Einfach zwischendurch für wenige Minuten den Deckel auf die Pfanne, dann sind sie schneller durch. Langsam gebraten bekommt ihr knusprige, goldbraune, unvergleichliche „Röschdi".

• Gerichte aus gekochten Kartoffeln: Pellkartoffeln, Kartoffelbrei.

• Kartoffeln entgiften. Kein Wunder kennt man „Kartoffelwickel" als altes Hausmittel, gekocht im Tuch auf die Brust gelegt sollen sie gegen Husten und aufkommende Erkältung helfen.

• Die Kombinationen:
Kartoffeln passen zu gebräuntem Mehl, Öl und Zitronen, Gemüse, Apfelmus, Pilzen, Ananas.
Kartoffeln passen nicht zu Körnern, Erdbeeren, Reis.

Tipp 10: Reis

Er gilt für viele Menschen der Erde als Grundnahrungsmittel, gehört zu den wichtigsten sieben Getreidearten und wird aus der Reispflanze gewonnen. Bestimmt kennt ihr die typischen Reisterrassen? Je nach Verarbeitungsstufe gibt es in vielen asiatischen Sprachen mehr als nur ein einziges Wort für Reis – so wichtig ist er dort. Und oft ist das Wort für Reis wiederum identisch mit dem für Essen.

7000 Jahre wird Reis schon angebaut. Die Pflanze selbst, Oryza sativa, gehört zu den Gräsern. Rund 8000 Reissorten gibt es heute über die Welt verteilt … Und so lässt sich weiter und immer weiter über ihn erzählen. Was ist für uns wichtig? Ungeschält hat er einen deutlich höheren Nährwert als geschält, zudem stecken viele Ballaststoffe in ihm. Außerdem ist er sehr natriumarm, das heißt, er hilft beim Entwässern des Körpers und zum Beispiel auch bei Bluthochdruck.

• In den VeggiReggi-Rezepten verwende ich ausschließlich Vollkornreis. Da steckt einfach viel mehr Gutes drin, und er wird unpoliert gegart und gegessen. Das bedeutet, die Vitamine B1 und B2 gehen nicht verloren.

• Die Zubereitung dauert eine ganze Weile, nämlich ca. 1 Stunde, bis er gar ist. Deshalb am besten mehr kochen und im Kühlschrank für die nächsten Tage und weitere Gerichte aufbewahren.

• Dazu 1 Tasse Reis in 3 Tassen Wasser 6 Stunden lang einweichen; danach das Wasser abschütten. Mit 1 EL Kokosöl im heißen Topf anrösten, 1 Knoblauchzehe dazu. Mit Wein ablöschen. Mit Gemüsebrühe auffüllen und köcheln lassen, bis der Reis gar ist.

Tipp 11: Hülsenfrüchte

Diese Multitalente bezeichne ich gern als Kraftpakete. Für Veganer sind sie elementar – und schmecken zudem gut. Mit ihnen kommt viel Abwechslung in den Topf und auf den Tisch.

Hülsenfrüchte
• sind Kreuzungen aus Getreide und Gemüse.
• versorgen den Körper mit der Menge an Eiweiß, die er braucht.
• sollten am besten enthülst gekauft werden – die Hülsen verursachen Blähungen.
• sind – richtig zubereitet – sehr gut verdaulich.
• sollten immer vor und nach dem Kochen gewaschen werden.

• Ich weiche alle Hülsenfrüchte über Nacht ein. So wird die Stärke umgewandelt; die beginnende Keimung verdoppelt die Nährstoffe.

• Beim Kochen etwas Kokosöl hinzufügen.

• Das Kochwasser nach etwa einer Viertelstunde abschütten und mit frischem kochendem Wasser zu Ende kochen. Damit verschwindet das als negativ gewertete Xanthin.

• Tipp: Linsen, Bohnen und Kichererbsen eignen sich gut als Keimlinge – echte Nährstoffbomben!

• Die Kombinationen:
  Hülsenfrüchte passen zu Körnern, Gemüse (besonders Wurzelgemüse), Pilzen.
  Hülsenfrüchte passen nicht zu Obst, Beeren.

Tipp 12: Trinken.

Es ist lebenswichtig, noch wichtiger als Essen und gar nicht so einfach zu handhaben. Viele Gerüchte ranken sich um das Trinken – zu wenig ist schädlich, zu viel ist nicht gut, nur Wasser, auf keinen Fall nur Wasser, nur warm, nie kalt … So gibt es zahlreiche Gebräuche und Gebote. Was wirklich gut tut, muss jeder für sich herausfinden. Hier lege ich euch meine Erfahrung und meine Tipps ans Herz – probiert einfach aus, ob ihr damit zurecht kommt.

• Zum Essen trinke ich nie.

• Flüssigkeiten verdünnen die Verdauungssäfte, damit wird die Verdauung erschwert bzw. behindert. Das ist dem Ganzen natürlich nicht förderlich.

• Eine halbe Stunde vor dem Essen und eineinhalb Stunden nach dem Essen trinken.

• Kaffee nur nach dem Essen, wenn schon etwas im Magen ist. Am besten schwarz, nicht mit Zucker, Sahne oder Milch (auch nicht Hafer-/Mandelmilch oder andere „Ersatzteile").

• Tee nicht mit Zucker oder Milch.

• Smoothies aus Obst nicht mit Wasser verdünnen. Als Flüssigkeit zu 100 % Fruchtsaft verwenden, oder alternativ 100 % Kokoswasser. Oder mit Mandel- Hanf- oder Hafermilch. Smoothies aus Gemüse und Blättern (also ohne Obst) können mit Wasser verdünnt werden.

Kleine Helfer, große Erleichterung
und die Empfehlung meiner liebsten Küchenmaschinen

Kochen ist Handwerk, und Handarbeit. Das stimmt schon, aber wir wollen es ja einfach haben. Warum also Energie auf etwas verschwenden, bei dem ich mir zur Hand gehen lassen kann? Damit meine ich übrigens nicht Michael, weil das Verletzungsrisiko dann doch ziemlich groß wäre. Sondern meinen Maschinenpark, der gar nicht so groß ist, wie das jetzt vielleicht klingt.

Bei mir stehen

• Ein wirklich guter Mixer mit ca. 1.400 Watt.
Bei dem kommt es in erster Linie auf die Umdrehungen an – ich persönlich schwöre auf den Vitamix von Keimling. Teuer, aber der beste und von vielen „Grünfans", Veganern und veganen Köchen empfohlen. Bei uns ist er jeden Tag im Einsatz und erleichtert uns die Arbeit spürbar.

• Eine Popcorn-Maschine.
Eine Popcorn-Maschine? Jawohl, eine Popcorn-Maschine. Es gibt ein riesiges Angebot im Web, einfach auf bekannten Shoppingseiten suchen. Sind alle günstig, tun alle ihren Dienst. Achtet dabei auf eine einfache und vor allem leise laufende Ausführung.

• Einen leistungsfähigen Zerkleinerer.
Also das, was man im Allgemeinen als „Moulinette" kennt – gibt es von allen großen Herstellern. Leistet gute Dienste beim Nüssehacken, mahlen von Kichererbsen etc. und gibt dem Vitamix eine Auszeit. Auf eine einfache Bedienung achten.

• Eine elektrische Zitruspresse.
Bei mir kommt Zitronensaft in großen Mengen zum Einsatz. Dafür ist eine elektrische Presse in einfacher Ausführung ein wahrer Zeitsparer.

• Einen Pürierstab.
Gehört zur „kann"-Ausrüstung, da sich alles auch im Mixer pürieren lässt. Ein solcher Pürierstab erspart aber das Umschütten vom Topf in den Mixer und lässt sich zudem ganz leicht unter fließendem Wasser säubern. Eine feine Sache.

• Eine Salatschleuder.
Hilft, damit das Dressing nicht verwässert.

Mehr habe ich nicht, alles andere ist – genau – Handarbeit.

Herzensangelegenheit mit Bauchgefühl
und wo ich welche Produkte bekomme

Der Veganer in mir will sich nicht einfach nur „grün" ernähren, sondern auch bewusst. Sprich: Ich achte natürlich darauf, woher die Produkte kommen, die ich verwende.

Kokosöl
gibt es in vielen Sorten. Uns schmeckt das Kokosöl der Ölmühle Solling am besten:
www.oelmuehle-solling.de

Keimlingsbrote
sind die besten, die ich kenne, wenn sie von Bettina kommen.
Fragt in eurem Bioladen nach oder bestellt direkt bei
www.bettinas-keimbackstube.de

Vitamix
will ich euch auch nicht vorenthalten. Meinen Supermixer gibt es bei
www.keimling.de oder vielen anderen Lieferanten.

Immer zu Hause, immer zur Hand
und warum Vorräte das Leben erleichtern

Klar, der Sinn von Vorräten erschließt sich schnell: Ihr müsst nicht immer an alles denken, könnt variieren und reagieren, falls mal Besuch oder der etwas größere Hunger vorbeischauen. Kommt mal mit und spickt mit mir in meinen Vorratsraum.

Mein Frische-Vorrat: Was ich frisch immer zu Hause habe.

Knoblauch, Zitronen, Obst, Gemüse, Salate

Mein Vorrat: Was ich immer griffbereit habe.

Apfelessig	
Bourbon-Vanille, gemahlen	im Gläschen, gibt's im Bio-Geschäft
Chilisoße	reine, im Glas
Flocken	Haferflocken, groß und klein Weizenflocken, groß und klein
Getreide	Weizen, Dinkel
getrocknete Tomaten	
Gewürze	Curry, Chiliflocken, Paprikapulver, Senfsamen, Kräuter der Provence etc.
Gemüsebrühe	ohne Hefe, instant
Hafermilch geht natürlich auch Mandel-, Soja- oder Reismilch – einfach ausprobieren und Favorit finden	im Tetrapack
Hafersahne oder Mandelsahne	im Tetrapack
Himalajasalz	oder ein anderes reines, gutes Natursalz (Steinsalz)
Hülsenfrüchte, getrocknet	Kichererbsen, Linsen in allen Farben Bohnen - große, kleine, weiße, rote, etc. Erbsen

Kapern	im Glas
Kokosöl	kalt gepresst
Mais, getrocknet	für Puffmais (Popcorn)
Nussmus	Mandelmus, Cashewmus etc.
Nüsse	Mandeln, Cashew etc.
Oliven	rot und grün
Olivenöl	kalt gepresst
Passierte Tomaten im Glas	rein, ohne Gewürze
Senf	scharf und mittelscharf
Pesto im Glas	
reiner Apfelsaft (100%)	
reiner Traubensaft (100%)	
reines Kokoswasser	
Samen	Sonnenblumenkerne, Kürbiskerne, Leinsamen ganz
Tahin	(Sesampaste) aus dem Bioladen
Tomatenmark	
Vollkornnudeln	in allen Varianten
Vollkornreis	
Vollmehl	aus dem ganzen Weizen oder Dinkel
zum Süßen	Datteln, Rosinen, Agavendicksaft, Birkenzucker, Ahornsirup

Was mir gut tut, soll auch anderen gut tun
und das ganz offiziell

Pro verkauftem Buch „Weck den Veganer in dir" geht 1 Euro an die Gärten von Malawi. Dieses wunderbare Projekt hat Pater Gerhard Knühl initiiert, und ich unterstütze es von Herzen gern. Das Geld fließt direkt ohne Umwege in dieses Projekt und hilft dabei, Wasserpumpen, Gartengeräte wie Schaufeln und Harken, Saatgut und Baumsetzlinge zu kaufen.

Es gibt heute bereits 31 Gruppen dieser Art, manche mit 100 Mitgliedern, manche schon mit 300, und es werden immer mehr, die sich anschließen. In diesen Gärten werden Obst und Gemüse biologisch angepflanzt, die Ernte an Schulen geliefert. Menschen aus anderen armen Ländern kommen mit Lkw zu den Gärten, um hier Obst und Gemüse zu kaufen.

Jetzt unterstützt Pater Gerhard Knühl dort den Bau eines wirklich sehr bescheidenen Waisenhauses und freut sich über jeden Euro. Wer mehr tun will:

Anschrift: Pater Gerhard Knühl WV
Dietrichstraße 30
54290 Trier
Telefon: 0651 9753325
E-Mail: hettjegerhard@aol.de

Spendenkonto: Commerzbank Köln
IBAN: DE 24 3708 0040 0983 1241 00
BIC: DRESDEFF370
Afrikamissionare Köln
Betreff: Pater Knühl, Malawi

Rezepte

Ein paar Gedanken zu den Rezepten
und was ich euch vorab unbedingt noch ans Herz legen will

Bei allen Rezepten habe ich versucht, mich auf Produkte zu beschränken, die man überall kaufen kann. Auf exotische Zutaten habe ich deshalb bewusst verzichtet – damit es wirklich einfach bleibt und schnell umzusetzen ist. Das heißt, dass ihr solche Zutaten, falls gewünscht und greifbar, natürlich jederzeit einsetzen könnt und sollt.

Es sind 80 einfache Rezepte, oder viel mehr Ideen, die problemlos änderbar sind. Am wichtigsten war und ist mir, dass sich alles schnell zubereiten lässt, denn wer hat im Alltag schon Zeit für aufwändige Gourmetrezepte, für die man Stunden in der Küche steht?! Hauptsache ist doch, dass es schmeckt, Spaß und satt macht. 80 Rezepte sind viel, und sie sind Absicht. Mit dieser großen Zahl habt ihr unendliche Möglichkeiten, zu variieren, neu zu kombinieren und ganz eigene Gerichte zu erfinden.

Genau so meine ich das. Meine Rezepte enthalten in der Regel keine Mengenangaben (Also nach dem Motto, wer sich kleinlich an genaue Angaben hält, wird nie ein guter Koch) nach Gramm oder Milliliter. Das kostet alles nur Zeit und ist oft sowieso hinfällig, wenn ihr mehr Personen seid, mehr Hunger habt oder mehr Schärfe wollt. Daher habe ich mich auf Angaben wie „Tasse, Handvoll, Esslöffel (EL), Teelöffel (TL)" beschränkt – Pi mal Daumen ist angesagt, Kochen nach Gefühl, Lust und Laune. Ich weiß ja nicht: Esst ihr eine oder fünf Kartoffeln? Einen Löffel Reis oder einen Berg? Einen Teller Spaghetti, zwei, drei? Mögt ihr es salzig oder nicht? Esst ihr Knoblauch, vertragt ihr Zwiebeln? Fällt euch regelmäßig die Gewürzdose ins Essen, oder gehört ihr zur sparsamen Riege? All das bleibt euch und eurem Geschmack überlassen. Nehmt die Rezepte einfach als Anregung.

Seid mutig, traut euch zu experimentieren! Hier gibt es – bis auf meine Ratschläge zu den Kombinationen – keine wirklichen Regeln, kein richtig oder falsch. Genau genommen ist das hier also kein Kochbuch, sondern mehr ein Ernährungsbuch ... oder einfach: Ein Buch, das den Veganer in euch weckt.

Deshalb

• stehen die Hauptzutaten auf der rechten Seite.

• wird Salz im Haupttext in blauer Schrift hervorgehoben.

• ist Öl in gelber Schrift.

• stehen Kräuter passenderweise in grüner Schrift.

• werden Gewürze in roter Schrift markiert.

Bei den Garzeiten gebe ich oft circa-Zeiten an. Das liegt

a) am eigenen Geschmack, wie bissfest zum Beispiel das Gemüse sein soll,

b) am Herd – weil der bei jedem anders „tickt" und

c) daran, dass auch die Produkte selbst oft unterschiedlich sind, mal reifer, mal weniger reif, mal härter, mal weicher.

Am besten, ihr überprüft mit einem spitzen Messer zwischendurch, ob das Gargut schon die gewünschte Konsistenz erreicht hat. Das gilt für Gemüse ebenso wie für Nudeln, Reis, Hülsenfrüchte etc. – die natürlich nicht mit dem Messer pieksen, sondern einfach kurz probieren. (Manche werfen Nudeln auch an die Wand, ob das funktioniert, habe ich aber noch nie ausprobiert).

Eine letzte Bitte zum Schluss, oder eher zum Start: Alle Rezepte sind wirklich schnell zubereitet. Bleibt deshalb in der Küche, damit nichts anbrennt oder verkocht.

Graue Theorie? Bunte Vielfalt!

Alle Rezepte für dieses Buch haben wir mit viel Hingabe, Genuss und Leidenschaft aus Bio-Produkten vom Bauernladen Reiser, Pforzheimer Str. 28 in 76337 Waldbronn-Reichenbach (www.biobauernmarkt.de) gekocht.
Chemische Zusatzstoffe haben wir weit von uns gewiesen und nirgends verwendet.

Ein Blick in die Salatschüssel
und warum Salate so selten in diesem Buch auftauchen

Vielleicht wundert ihr euch, oder habt euch schon gefragt, warum in diesem Buch so wenig Salatrezepte aufgelistet sind. Der Grund ist einfach: Ich glaube, es braucht keine x-fachen Rezepte dafür. Versteht mich nicht falsch: Salat ist unglaublich wichtig. Ich habe immer verschiedene Blattsalate zu Hause und esse jeden Tag einen großen Teller Salat. Er kommt also gar nicht selten, sondern immer auf den Tisch.

„Aber VeggiReggi, wird das nicht langweilig?"

Im Gegenteil! Ich freue mich jetzt schon wieder auf „das nächste Mal" bzw. das nächste Mahl. Ich schnipple noch allerlei Gemüse hinein, oder gebe Hülsenfrüchte, Pilze, Sprossen und natürlich immer viele frische Kräuter dazu.

Auf dem Tisch stehen zudem immer Kerne, Samen, Nährhefe etc. bereit, die sich jeder nach Gusto nehmen und den eigenen Salat damit verfeinern kann. So ist er jeden Tag anders – und bietet Nährstoffdichte par excellence.

„Also wird Salat bei dir zur Hauptmahlzeit."

Stimmt, ich liebe Salat und finde: Alles andere ist nur Beilage!

Apfelcreme
macht frisch, macht glücklich, macht gesund

Äpfel! Wann immer ihr könnt, esst Äpfel. Sie sind mit dem wertvollen Pektin das gesündeste Obst überhaupt. Der Zitronensaft verhindert übrigens, dass das Ganze braun wird – das übernehmen in appetitlicher Form dann die Nüsse.

Äpfel vierteln, Kerngehäuse entfernen. Zusammen mit Zitronensaft und den Nüssen im Mixer bis zur gewünschten Konsistenz pürieren.

2 Äpfel
Saft von 1 Zitrone
1/2 Tasse Nüsse

Für die Rosinenfans: Ein paar davon darüber geben.
Für die Süßen: Mit ein bisschen Agavendicksaft verfeinern.

Avocado-Dip
passt immer, auch gut zur Party

Avocado gehört zur Familie der Lorbeergewächse und ist genau genommen eine Frucht, noch genauer: eine Beere. Ja, sie hat einen sehr hohen Fettgehalt – aber alles gut! Das sind wertvolle ungesättigte Fettsäuren, die sehr gesund sind.

Avocados mit Limettensaft, Knoblauchzehe und Blättchen vom frischen oder getrockneten Thymian, sowie etwas Salz pürieren.

In Schälchen füllen, ein paar Tropfen Olivenöl darüber geben und mit rohen Gemüsestreifen servieren.

Wir nehmen gern: Möhren, Zucchini, Gurken, Paprika oder Kohlrabi. Natürlich geht, was schmeckt – probiert es aus. Vor allem die fruchtig frischen Sorten sind lecker dazu.

2 Avocados
1 Limette
1 Knoblauchzehe
1 Zweig Thymian

Avocado-Sauce mit Nudeln
hat Chancen auf das neue Lieblingsgericht

Dieses Gericht ist, was wir „schlonzig" nennen. Und hat genau deswegen Suchtpotenzial. Die Vollkornnudeln und der Nussparmesan machen es kernig und würzig, die Avocado cremig, die Tomaten geben einen Frischekick.

Beide Avocados aushöhlen, in große Würfel schneiden.
Tomaten schälen, klein würfeln. Knoblauchzehe klein hacken.

1 EL Kokosöl erhitzen, den gehackten Knoblauch darin andünsten. Avocadowürfel und die Hafer-/Mandelsahne dazugeben.

Bei geringer Hitze so lange garen, bis die Avocadowürfel zerfallen. Dann die Tomatenwürfel dazugeben, salzen, alles einmal kurz durchrühren und als Sauce über die Nudeln geben.

Mit etwas frischem Olivenöl abrunden und mit etwas (oder gern auch etwas mehr) Nussparmesan servieren.

2 große, reife Avocados
3 Tomaten
1 Knoblauchzehe
1 Päckchen Hafer- oder Mandelsahne

Avocado-Suppe, kalt
erfrischt nicht nur im Sommer

Es ist eine richtig erfrischende Sache, so eine kalte Suppe. Natürlich schmeckt sie auch im Winter, aber wenn es draußen 30 Grad hat, ist das hier perfekt.

Avocados aushöhlen, reifes Avocadofleisch, Hafer- oder Mandelmilch (nach Vorliebe und Geschmack), Zitronensaft,
eine Prise Salz und Gewürze nach Wahl im Mixer pürieren.

Cocktailtomaten vierteln und mit fein gehackten Kräutern,
fein gehackten Nüssen, Salz und Olivenöl vermischen.

Auf jeden Teller Avocado-Suppe einen Löffel der Tomatenmischung geben, alles kalt genießen.

2 Avocados

3/4 l Hafer- oder Mandelmilch

Zitronensaft

Cocktailtomaten

Petersilie

oder Basilikum

oder Rucola

Nüsse nach Wahl

Bananen-Apfel-Pflaumen-Dessert
schmeckt auch zum Frühstück oder zwischendurch

Klingt einfach, ist es auch. Schmeckt einfach lecker, tut einfach gut, macht einfach satt. So einfach is(s)t das. Heißt Dessert, bringt aber auch beim Durchhänger am Nachmittag schnell frische Energie.

Obst in Scheiben schneiden, mit Zitronensaft beträufeln und mit Nüssen bestreuen.

Tipp: Das Auge isst mit. Schön geschichtet macht das Ganze richtig etwas her und schmeckt gleich noch einmal so gut.

Bananen
Äpfel
Pflaumen
Zitrone
Nüsse

Bananenfritters
als krummes Ding zwischendurch

Mmmmhmm, schon beim Schreiben könnte ich sofort wieder zu den gelben Früchten greifen. Diese Süßspeise schmeckt Kindern und Erwachsenen, ist schnell gemacht und auch als Dessert nach einem Menü lecker – dann sollte es allerdings evtl. ein bisschen weniger sein, weil die Bananen doch gut satt machen.

Bananen mit der Gabel zerdrücken,
mit Vollkornmehl,
1 Prise Salz,
1 Prise Muskatnuss (kann, muss nicht)
vermischen.

2 sehr reife Bananen
200 g Vollkornmehl

Kokosöl in einer Pfanne erhitzen.
Mit einem Löffel den Teig portionsweise in die Pfanne geben.
Von beiden Seiten knusprig braten.

Tipp: Da Bananen sehr süß sind (vor allem die besonders reifen), braucht es eigentlich keine weitere Süße. Wer aber zu den ganz Süßen gehört, kann einfach 1-2 EL Agavendicksaft dazugeben.

Blumenkohl gegrillt
mit der Extraportion an Aromen

Er sieht nicht nur hübsch aus, sondern ist eine heimische Kohlsorte, die es in sich hat: der Blumenkohl. Leicht verdaulich, kann roh oder gekocht gegessen werden, schmeckt mild und ist eine wahre Vitamin-C- und Mineralstoff-Bombe.

Blumenkohl in ca. 1 cm dicke Scheiben schneiden.

Blumenkohl

Backblech mit Backpapier auslegen.

Marinade aus
2 EL Kokosöl (leicht erwärmt, damit es flüssig ist),
1 TL Zitronen- oder Limettensaft,
klein gehacktem oder durch die Presse gedrücktem Knoblauch,
Salz und Gewürzen nach Wahl anrühren.

Die Blumenkohlscheiben auf beiden Seiten großzügig mit der Marinade bestreichen, auf das Backblech legen und im Ofen (bei 180-200°C, Umluft) von beiden Seiten grillen (also wenden), bis der Blumenkohl al dente oder weich ist – ganz nach Geschmack.

Auf Salat- oder andere Blätter (nach Wahl) setzen und servieren. Gerne auch mit Sonnenblumenkernen, Kürbiskernen oder Sesam bestreuen.

Bohnen auf korsische Art
nach original Freundinnenrezept

Dieses wunderbare Gericht durfte ich bei einer Freundin auf Korsika kennen lernen. Es ist immer wieder ein Gedicht und bringt eine Mischung aus Fernweh, Süden und Urlaubsfeeling auf den Teller. Da könnte ich die ganze Pfanne allein essen …

Grüne Bohnen putzen, waschen und halbieren.

Tomaten in diesem Fall enthäuten (mit dem Messer geht das ganz leicht) und in Stücke schneiden.

In einer Pfanne 2 EL Kokosöl mit reichlich gehacktem Knoblauch erhitzen. Tomatenwürfel und Bohnen dazugeben.

Mit Salz, Gewürzen nach Belieben und frischen Kräutern (wir lieben Oregano, Thymian und Majoran) würzen und zu einem leckeren Bohnen-Tomatensugo köcheln lassen (dazu einen Deckel auf die Pfanne legen), bis die Bohnen al dente oder weich sind.
Dazu: Rosmarin-Ofenkartoffeln oder VeggiReggis köstliches Fladenbrot. (Oder beides, bei ganz großem Hunger oder für Gäste.)

Frische grüne Bohnen
Tomaten
(große Fleischtomaten)
Knoblauch
Oregano
Thymian
Majoran

Bohnensoße
begleitet Nudeln, Kartoffeln und mehr

Diese Soße lässt sich prima auch am Vortag vorbereiten und schmeckt zu Polenta, Reis, Kartoffeln oder Nudeln. (Oder pur, aber das sage ich nicht so laut.) Und wie das duftet …

Am Vorabend: Bohnen einweichen.

Diese Bohnen dann zusammen mit einer ganzen Knoblauchknolle (bei der nur die dicke äußere Schale entfernt wurde) kochen. Dauert je nach Bohnensorte bis zu 1 Stunde, auch das lässt sich einen Tag vorher erledigen.
Tomaten in 1 EL Kokosöl ca. 20 Minuten schmoren lassen.
Mit Salz, Kräutern der Provence und Gewürzen nach Wahl abschmecken.

Die gekochte Knoblauchknolle aus den Bohnen herausnehmen, abkühlen lassen. Die einzelnen weichen Zehen herausdrücken und zu den Tomaten geben. 2 bis 3 Tassen Bohnen dazu, das ganze pürieren und komplett warm werden lassen.

Den Rest der Bohnen zum Beispiel für die Bohnensuppe (Seite 75) oder den Bohnensalat (Seite 77) verwenden – so spart ihr euch Zeit und Aufwand.

Weiße oder rote Bohnen (getrocknet, 500g-Päckchen)
1 Knolle Knoblauch
1 Glas gestückelte Tomaten

Bohnen-Suppe
macht warm und glücklich

Eine Suppe wärmt nicht nur den Bauch, sondern auch das Herz. Nicht nur im Winter verbreitet sie wohlige Wärme, macht satt und tut einfach gut. Wenn dann noch Bohnen drin sind, wird's richtig gesund.
Bohnen über Nacht einweichen und am nächsten Tag kochen – oder bereits gekochte Bohnen z. B. von der Bohnensoße (Seite 73) verwenden.

Lauch hacken,
Kartoffeln würfeln,
Knoblauch hacken,
2 EL Kokosöl in einem Topf sanft erhitzen,
Kartoffeln, Lauch und Knoblauch darin anbraten
(ca. 5 bis 10 Minuten).

4 große Handvoll grob geschnittenen Wirsing, grob gehackte Petersilie und Oregano hinzufügen.

Die gekochten Bohnen dazugeben, mit Gemüsebrühe auffüllen und alles ca. 10 Minuten köcheln lassen, bis der Wirsing bissfest ist. (Im Zweifel einfach probieren.)

Etwa ein Drittel dieser Mischung pürieren und wieder zurück in die Suppe geben.

Alles durchmischen, eventuell nachsalzen und die Suppe nochmals erhitzen.

Feinschmecker-Tipp: Mit Nuss-Parmesan (Seite 177) servieren.

400 g getrocknete, weiße Bohnen

2 Stangen Lauch

1 große Kartoffel

2 Knoblauchzehen

1 kleiner Wirsing

3 EL Petersilie

1/2 l Gemüsebrühe
(ca. 3 Tassen)

2 EL frischen oder
1 EL getrockneten Oregano

Bohnen-Tomaten-Salat
nicht nur als Beilage eine Wucht

Mit ihrem kräftigen Geschmack geben Bohnen jedem Gericht eine ganz eigene Richtung. Zum Grillen, zur Party, mit ins Büro, gemütlich am Abend … dieser Salat ist ratzfatz gemacht und lässt sich prima mitnehmen (auch, weil er nachgezogen fast noch besser schmeckt).

Bohnen über Nacht einweichen, dann kochen.

Cocktailtomaten halbieren oder vierteln (je nach Größe und Geschmack), klein gehackte Zwiebel und/oder Knoblauch sowie eine Handvoll klein geschnittene, getrocknete Tomaten in einer Schüssel vermischen.

VeggiReggis Salatsoße (Seite 207) dazu geben.

Zum Schluss eine Handvoll Rucola grob hacken und vorsichtig darunterheben – schon fertig.

Getrocknete Bohnen (weiß oder rot)

Cocktailtomaten

getrocknete Tomaten

Rucola

Bolognese Veganese
hat das Zeug zum Lieblingsessen

Spaghetti Bolognese sind ein Klassiker, der so ziemlich bei allen beliebt ist – bei groß und klein, Mann oder Frau … Wir zaubern die vegane Variante, und sie schmeckt mindestens genauso lecker.

Knoblauch, Zwiebeln, Möhren, Paprika, Zucchini und Sellerie klein hacken.

2 EL Kokosöl mit Kräutern der Provence in der Pfanne sanft erhitzen.

Dann 2 EL Tomatenmark schnell unterrühren und ein paar Sekunden mit anrösten.

Gemüse und die gekochten Linsen dazugeben und gut umrühren. Tomatenmus dazu, vermengen, alles leicht einkochen lassen, bis es die gewünschte Konsistenz erreicht hat.

Am Schluss kräftig mit Salz und Gewürzen abschmecken.

Spaghetti mit der Bolognese Veganese toppen, dazu Nussparmesan reichen.

Knoblauch und/oder Zwiebel

2 Möhren

1 Stück Knollensellerie

rote Paprikaschote

Zucchini

1 Glas Tomatenmus

Linsen (braun, gekocht)

Tomatenmark

Brötchen oder auch „Lieberling"

alias VeggiReggis köstliches, superschnelles Fladenbrot

Brot? Dem habe ich vorne ein ganzes Kapitel gewidmet. Natürlich muss niemand ganz ohne auskommen – ich habe den „Lieberling" erfunden, und genau das ist er auch. Lieblingsbeilage, am besten noch warm.
Super für Gäste!

2 große Tassen Vollkornmehl (Dinkel oder Weizen)
1 Tasse Kleie (muss nicht sein, macht den Teig aber lockerer
und ist mega gesund)
oder 2 Tassen Mittelmehl Typ 1050 (Dinkel oder Weizen)
1 Tasse Kleie (s. oben, die Sache mit „mega gesund")
Wasser
Diese Menge ergibt bei mir 6 Stück.
Mehl mit einem 1/2 Teelöffel Salz vermischen und mit Wasser zu einem dickflüssigen Brei verrühren. Kräftig schlagen, bis sich Luftblasen bilden.

Blech mit Backpapier auslegen, in den Ofen geben und auf 180°C (Umluft) erhitzen. Wenn 180°C erreicht sind, das heiße Blech herausnehmen (Vorsicht! Sehr heiß, Topflappen verwenden) und den Teig löffelweise aufs heiße Backblech geben. Wieder in den Ofen, 35 Minuten backen – fertig.

Lässt sich auch super mit Gewürzen variieren: Einfach Kümmel, Curry etc. in den Teig oder getrocknete Kräuter darüber geben.

Ach, dieser herrliche Duft, der durch die Küche strömt …

Die Fladen sollten immer am gleichen Tag gegessen werden (länger halten die bei uns auch nicht). Ein wirklich einfaches Rezept, das sehr schnell geht – die Fladen kann man immer frisch machen. Auch wenn mal kein Brot zu Hause ist oder Gäste kommen – einfach Lieberlinge backen.

Vollkornmehl
oder 1050er Mehl
Kleie

Brokkoli-Kartoffeln vom Blech
sorgen für Abwechslung

Alle Pommes-Müden und die, die sich bunte Abwechslung aus dem Ofen wünschen: Hier seid ihr richtig. Dieses Duo passt perfekt zusammen und macht mit dem köstlichen Duft Appetit auf mehr.

Kartoffeln mit der Schale in Schnitze ("Wedges") schneiden.
Brokkoli in kleine Röschen teilen.

Kartoffeln
Brokkoli

2 EL Kokosöl erwärmen, bis es flüssig ist,
dann mit 1/2 TL Salz verrühren.

In diese Mischung die Kartoffeln und den Brokkoli geben und vorsichtig wenden.

Auf ein mit Backpapier ausgelegtes Backblech legen, ein paar Knoblauch-zehen, frische Rosmarinzweige, Thymian, Oregano dazugeben (im Winter einfach getrocknete Kräuter nehmen).

In den vorgeheizten Backofen (180°C Umluft) schieben – ca. 20 bis 30 Minuten später sind die Brokkoli-Kartoffeln fertig.

Brokkolinudeln
oder auch Brokkoli mit Nudeln, oder Nudelbrokkoli …

Tatsächlich ist es so einfach, wie es sich anhört. Brokkoli hieß tatsächlich mal „italienischer Spargel" und wurde von US-Präsident Thomas Jefferson in den Vereinigten Staaten angesiedelt. Wirklich wichtig ist bei Brokkoli aber vor allem, was in ihm steckt: viele Mineralstoffe nämlich, Kalium, Calcium, Eisen, Zink, Vitamine … Also: beherzt zugreifen!

Während die Nudeln kochen …

Brokkoli in kleine Röschen teilen.

Tipp: 2 EL Kokosöl mit Salz und 1 Prise Chiliflocken in einer Pfanne erhitzen. So entfalten die Gewürze ihr volles Aroma.

Brokkoli hinzufügen und bei mittlerer Hitze unter gelegentlichem Umrühren braten.

Brokkoli unter die fertigen Nudeln mischen, mit frischem Olivenöl für das gewisse Extra beträufeln.

Dazu passt Nussparmesan ganz besonders gut.

Nudeln nach Wahl
Brokkoli
Kokosöl
Chiliflocken

Champignons, gefüllt
sind super zum Grillen geeignet, aber auch aus der Pfanne prima

Champignons sind einfach die Champions in Sachen „gerne gefüllt". Selbst haben sie ein fein-würziges Aroma, lassen aber die Füllung trotzdem groß rauskommen.
Entweder roh oder gegrillt – beides lecker und ganz nach Belieben.

Roh:
Stiele und evtl. groben Schmutz von den Champignons entfernen, die Pilze mit Pesto füllen.

Champignons
Pesto

Gegrillt:
Die gefüllten Pilze auf ein Backblech setzen und im vorgeheizten Ofen (bei 200°C) ca. 10 Minuten grillen.

Mit frischen gehackten Kräutern (besonders gut: Petersilie, viel davon) bestreuen und servieren.

Champignon-Carpaccio
klingt gut und schmeckt noch besser

Pilze sind vielseitig und eignen sich zum Beispiel auch für Gerichte, die nicht nur dem Gaumen, sondern auch dem Auge schmeicheln. Großartig für Gäste!

Stiele und evtl. groben Schmutz von den Champignons entfernen. Champignons in feine Scheiben hobeln.

Große Champignons
Zitronensaft

Schön aufgefächert auf einem Teller anrichten.
Zitronensaft mit etwas Salz vermischen und darüber träufeln.
Etwas Olivenöl vorsichtig darüber geben.
Mit Nuss-Parmesan bestreuen, alles ein wenig marinieren lassen.

Oder:
Einfach alles vorsichtig mischen und über frisch gekochte Pasta geben.

Ein Gedicht!

Champignon-Paste
wird zum wandelbaren Wundergericht

Als Brotaufstrich, als Sauce, als Dip, als Snack, als Vorspeise, als Zwischenmahlzeit, als … Hoppla. Ja, dieses Rezept ist vielseitig, und genau deshalb eine Wucht.

Champignons grob würfeln.

1 EL Kokosöl mit gehacktem Knoblauch und/oder gehackten Zwiebeln in einer großen Pfanne erhitzen. Die gewürfelten Champignons dazugeben und weich braten.

Gemahlene Nüsse (Mandeln, Cashew-, Pinienkerne, Haselnüsse etc.) hinzufügen.

Frische Kräuter (was gerade zu Hause vorhanden ist) – z. B. Petersilie, Basilikum; auch getrockneter Thymian, Oregano etc. geht – fein hacken und untermischen.
Mit Salz und Gewürzen nach Wahl abschmecken.

Und dazu Brot.

Oder, extra Tipp: Mit Mandelsahne verdünnen und als würzige Soße zu Spaghetti, Polenta oder Reis servieren.

Champignons

Knoblauch
und/oder Zwiebel

Nüsse

Eiscreme deluxe
süß und schmelzend so lecker

Gibt es jemanden, der Eiscreme nicht mag? Und selbst diejenigen werden hier bestimmt überzeugt. Denn diese Eiscreme deluxe ist sehr fein
und schnell gemacht, wenn uns der Süßhunger überkommt.

1 Packung tiefgefrorene Beeren mit
2 EL Agavendicksaft
und ca. 1/2 Päckchen Hafer-/Mandelsahne
im Mixer pürieren.

Sofort servieren und aufessen!
(Wobei Letzteres nicht extra gesagt werden muss. Das Eis schmilzt zwar
schnell, aber wir sind immer schneller.)

*Gefrorene Himbeeren, Erd-
beeren oder andere Beeren
(nicht aufgetaut)*

Agavendicksaft

Hafer- oder Mandelsahne

Erbsensuppe, einfach und schnell
und außerdem grün, gesund, genial

Erbsen machen nicht nur Spaß beim kochen und essen, sie sind auch echte Powerpakete. Seit Jahrtausenden sind sie wichtiger Proteinlieferant, darüber hinaus stecken in ihnen essenzielle Aminosäuren wie Lysin, Leucin, Phenylalanin und mehr. Schnell ran an die grünen Kugeln!

Ca. 600 ml Gemüsebrühe aufkochen.
Tiefgekühlte Erbsen hinzufügen und ca. 5 Minuten köcheln lassen.

1 gehäuften EL Nussmus hinzugeben, die Suppe mit dem Pürierstab pürieren (schnell, einfach und vor allem eine „saubere Sache").

Evtl. nachwürzen.

Nüsse grob zerkleinern und für das knackige Topping über die fertige Erbsensuppe streuen.

Tipp 1 für Extra-Eilige und Super-Saubere: Ganz ohne Maschine lassen sich Nüsse ganz fix und ohne Küchenchaos in einer Plastiktüte mit dem Mörser zerkleinern.

Tipp 2 für Sonnen-Anbeter und Kalte-Küchen-Freunde: Einfach die Suppe vorbereiten, stehen lassen und kalt genießen. Im Sommer sehr erfrischend.

600 ml Gemüsebrühe

Erbsen, tiefgekühlt, 400 g-Packung

Nussmus

Nüsse

Feigen, als Vorspeise oder Dessert
ganz fein, gar nicht feige

Feigen, oder auch Ficus, zählen zu den ältesten domestizierten Nutz-pflanzen überhaupt. Wir kennen die Süße aus dem Süden, vom Mittel-meer … Aber wer einen grünen Daumen hat, der kann sich auch hier mit einem Feigenbaum beglücken und über eine tolle, vielseitige Frucht freuen.

Feigen halbieren

2 EL Olivenöl
2 EL Agavendicksaft
2 EL gehackte Petersilie
2 EL Nussparmesan
etwas Salz

miteinander vermischen und über die halbierten Feigen geben.

Schnell und besonders:
besonders lecker, besonders hübsch, besonders fein.

Feigen

Soße:
Olivenöl
Agavendicksaft
Zitronensaft
Petersilie
Nussparmesan

Fenchel-Tomaten gegrillt
duftet mindestens so gut, wie es schmeckt

Würzig ist er, einzigartig schmeckt er: Fenchel ist eine tolle Knolle. Mit seinem intensiven Anisaroma ist er ein echtes Highlight in der Küche. Und übrigens gut für die Atemwege und bei Husten (dann als Saft).

Fenchel längs in ca. 0,5 cm dicke Scheiben schneiden, ebenso die Tomaten.

Auf ein Backblech je eine Scheibe Fenchel, darauf je eine Tomatenscheibe legen.

Alles kräftig mit Salz und Kräutern würzen. Kokosöl erwärmen, bis es flüssig ist, dann darüber träufeln. Eine große Handvoll Oliven großzügig darüber verteilen.

Im Ofen bei 180 Grad Umluft garen lassen, bis der Fenchel weich ist.

Tipp: Dazu leckere Lieberlinge (Seite 81)

Das ist so schnell gemacht und schmeckt soo gut.

Fenchelknollen
Fleischtomaten
Oliven

Flocken mit Traubensaft
als (f)lockeres Frühstück, als appetitlicher Abendsnack

Traubensaft wird nicht oft genannt, ist aber etwas wirklich Gutes. Als echter Energiespender wirkt er positiv auf das Herz und sogar vorbeugend gegen Krebserkrankungen. Damit schlägt er sogar fast alle anderen Fruchtsäfte um Längen – nämlich zum Beispiel mit seinen Polyphenolen und deren antioxidativen Eigenschaften, mit Vitamin A und C, Karotin, Eisen und Magnesium. Darauf trinken (oder essen) wir!

Weizenflocken

Traubensaft

1/2 Tasse Weizen-, Dinkel-, Hafer- oder andere Flocken mit
1 Tasse (oder etwas weniger) frischem Traubensaft vermischen.
Dabei auf 100 % Saft ohne Zusatzstoffe achten.

Ganz einfach, ganz leicht verdaulich, dabei aber ein sehr nahrhaftes Gericht und ein Turbostart in den Tag. Oder für die Pause, als Mitternachtssnack, als süßes Betthupferl … Einfach zu jeder Tages- und Nachtzeit gut.

Frucht-Creme, schnell und köstlich
und in verschiedenen Sorten immer wieder neu

Frisch, fruchtig, fein und unglaublich schnell gemacht. Ich nehme jedes Mal nur eine Sorte Frucht, damit bekomme ich immer eine andere Geschmacksnote und kann die Creme häufig zubereiten. Ihr mögt die Mischung lieber? Kein Problem!

Grundrezept:
1 Mango
oder 2 Tassen Erdbeeren
oder 2 Tassen Himbeeren
oder 2 Äpfel
oder 2 Orangen
oder 1 Banane
oder 1/2 Ananas

oder …

Obst grob würfeln,
1/4 Tasse Cashewkerne
1 EL Kokosöl
2 EL Agavendicksaft
1 TL Vanille-Extrakt
Saft von einer Zitrone
und ein kleines Stück Zitronenschale

komplett im Mixer pürieren, bis eine cremige Konsistenz erreicht ist. In kleine Gläser füllen (ergibt ca. 4 Stück).

Wetten, dass eure Gäste glauben, es wäre viel Sahne in der Creme? Fragt doch mal danach und überrascht sie.

Obst

Cashewkerne

Kokosöl

Agavendicksaft

1 TL Vanille-Extrakt

Zitronensaft

Zitronenschale

Gartenrösti
für Freunde von feinem Duft und noch feinerem Geschmack

Wir sind Röstifans! Wer noch? Alle, die jetzt die Hand heben, dürfen sie wieder sinken lassen und sofort in die Küche stürmen. Rösti sind ein Herzens-Essen – und wer hat's erfunden? Genau, die Schweizer. Aber wir haben's verbessert.

Rohe Kartoffeln reiben.
2 EL Kokosöl in der Pfanne heiß werden lassen.
Kartoffelmasse als ein großes Rösti in die Pfanne geben und bei geringer Hitze langsam goldgelb braten, salzen.

Festkochende Kartoffeln

Gemüse nach Wahl

Nach ca. 15 Minuten wenden und die andere Seite goldgelb braten, salzen.

In der Zwischenzeit Gemüse (Karotten, Erbsenschoten, Zucchini – alles, was so im Kühlschrank zu finden ist) in 2 EL Kokosöl mit etwas Salz braten, bis alles al dente ist.

Tipp zum Servieren: Fertiges Rösti auf eine große Platte legen und das Gartengemüse darauf verteilen. Wie Kuchenstücke aufschneiden.
Dazu passt Salat.

Gemüse-Chips
passen immer. Punkt.

Es gibt Rezepte, die sind Gold wert. Das hier ist so eines: Ganz einfach zu merken, ganz einfach zu machen. Und hilft bei Gelüsten nach deftig Knusprigem. Bei uns halten diese Gemüse-Chips nie lange – auch, weil sie so vielseitig verwendbar sind.
Wenn mal zu viel Gemüse da oder übrig ist, mache ich Chips daraus.

Zum Beispiel   *Gemüse*
Zucchini, rote Beete, Kartoffeln in ganz dünne Scheiben schneiden.
Grünkohl in mundgroße Stücke zupfen.

2 EL Kokosöl erwärmen und flüssig werden lassen, mit etwas Salz verrühren und das Gemüse darin wenden.

Auf ein Backblech geben und bei 40°C für ein paar Stunden in den Backofen geben, bis das Gemüse knusprig ist.

Euer Backofen funktioniert erst ab 50°C? Dann eben mit 50°C trocknen (geht schneller). Bei 150°C dauert es ca. 1 Stunde.

Diese Chips verfeinern Salat, passen zum Apero und schmecken auch über Nudeln. Oder ihr knuspert sie zum gemütlichen Filmabend, am Schreibtisch zwischendurch, …

Gemüsekorb, für Gäste
sorgt für große Augen und viel Begeisterung

Diesen wunderbaren Korb bekam ich zum ersten Mal vor 40 Jahren in Paris auf der Ile Saint Louis serviert und war total begeistert. Selbstverständlich habe ich ihn mir gemerkt und als eines der ersten Rezepte für dieses Buch aufgeschrieben.

Sieht wunderschön aus, macht kaum Arbeit und verwandelt die ganze Gesellschaft in eine fröhliche „französische Runde". So geht's: Jeder nimmt sich, was er möchte, und schnippelt sich seinen eigenen Salat.

Dazu serviere ich:
meine wunderbare Salatsoße,
unterschiedliche Öle, Gewürze und Salz,
viele frische Kräuter im Topf oder als Sträußchen im Glas,
eine große Schüssel Oliven,
viele getrocknete Tomaten,
Hummus und Avocadocreme,
unterschiedliche Brotsorten
und natürlich meine „Lieberlinge".

Nach dieser leckeren und reichlichen Auswahl hat man keinen Hunger mehr, versprochen.

Tipp: Funktioniert mit Obst natürlich genauso; dann eben pur oder mit süßen Dipps, Zitronensaft, Agavendicksaft & Co.

Gemüse

– was der Marktstand
so bietet –

Gemüse-Pommes
am liebsten mit Ketchup – auch hier im Rezept

Pommes mit Ketchup, ein Kinderessen? Mag sein. Vor allem aber ist es eines unserer Spaßgerichte, sehr sehr fein, geht ganz schnell und kann zu vielem kombiniert oder als Hauptgericht genossen werden.

Die Kartoffeln bzw. den Kürbis (alles mit Schale) in Schnitze schneiden, in einer Mischung aus 2 EL Kokosöl und Salz vorsichtig wenden.

Auf ein Backblech mit Backpapier geben.
Auch lecker dazu: Ein paar Knoblauchzehen und Kräuter (z. B. Thymian oder Rosmarin) darüber verteilen.

Bei 180°C (Umluft) knusprig backen (dauert ca. 30 Minuten).
Zwischendurch mit einem spitzen Messer die Pommes einstechen und testen, ob sie fertig sind.

Tipp 1: Mit einfachem Tomatenketchup kombinieren.
Dazu nehme ich 1/2 Glas Tomatenmus, das ich mit Agavendicksaft süße, wenn nötig noch etwas Salz hinzufügen.

Tipp 2: Mit scharfer Tomatensoße aufpeppen.
Hierfür 1/2 Glas Tomatenmus mit Salz, Chiliflocken und Curry würzen.

Dazu passt grüner oder gemischter Salat.

Süßkartoffeln

und/oder
Kürbis

und/oder
normale Kartoffeln

Gemüsesuppe mit Pesto
gibt einen gehörigen Energieschub

Wenn Gemüse zu Hause ist, das dringend verwertet werden sollte, oder wenn der Gemüsevorrat mal sehr groß ist, dann gibt es Gemüsesuppe. Ist tatsächlich genau so gesund, wie es sich anhört und schmeckt großartig.

Gemüse schnippeln (Paprika, Brokkoli, Zucchini, Möhren, Sellerie, Spargel, Kartoffeln, … alles, was da ist und in die Suppe soll).

Gemüse nach Wahl – was Kühlschrank & Korb bieten

Gemüse in 2 EL Kokosöl (am besten gleich ein Löffelchen Salz hinein rühren) anbraten, Deckel auf den Topf geben und bei leichter Hitze dämpfen, bis das Gemüse al dente oder weich ist. Zwischendurch immer mal wieder testen! Wir mögen es sehr al dente, also höchstens 5 Minuten.

Zum Schluss mit heißer Gemüsebrühe ablöschen und nach Geschmack kräftig würzen.

Tipp 1: Mit Pesto (aus dem Glas oder selbst gemacht) und Nuss-Parmesan bestreuen, dampfend heiß servieren.

Tipp 2: Natürlich kann diese Suppe auch wunderbar püriert werden. Macht gefühlt noch ein bisschen mehr satt.

Gemüsesuppe mit Vollkornreis
hat etwas von Gemüsepfanne und macht genauso satt

Dass wir Suppenfans sind, dürfte schon deutlich geworden sein. Falls nicht: Wir sind große Suppenfans. Aber manchmal braucht es einfach etwas mehr, um richtig satt zu werden – zum Beispiel nach einem langen Herbstspaziergang, einer Winterwanderung oder einfach nach einem anstrengenden Tag. Dann wirkt diese Suppe Wunder.

Gehackte Zwiebel und/oder Knoblauch mit 1EL Kokosöl andünsten.

Möhren und Staudensellerie in dünne Scheiben schneiden, dazugeben und mit Deckel auf dem Topf dünsten, bis alles al dente bzw. nach Geschmack weich ist.

Dann die Tomatenstücke und 1 EL Tomatenmark dazugeben, salzen und kurz köcheln lassen. Nach Bedarf Gemüsebrühe hinzufügen.

Nun den gekochten Vollkornreis untermischen und alles zusammen erwärmen. Suppe mit Olivenöl beträufeln und mit Nussparmesan servieren.

Tipp: Schmeckt natürlich auch mit anderem Gemüse hervorragend.

2 Tassen gekochter Vollkornreis

Möhren

Staudensellerie

1 Glas Tomatenstücke

Tomatenmark

evtl. Gemüsebrühe

Grillgemüse aus dem Backofen
sorgt für gute Laune bei Gästen

Das ist eines dieser typischen „kommt alle, bringt Hunger mit"-Gerichte. Einfach und schnell zubereitet, und alle können sofort „drüber herfallen", wenn das ganze Blech auf dem Tisch steht.

Paprika, Zucchini, Brokkoli und Karotten in Stücke schneiden, Champignons bleiben ganz.

Paprika

Zucchini

Brokkoli

Karotten

Champignons

Gern können auch alle anderen Gemüsesorten wie Sellerie, Kartoffeln, Fenchel usw. verwendet werden – einfach alles, was sich im Kühlschrank findet oder euch auf dem Markt anlacht.

Alles in einer Mischung aus 2 EL Kokosöl oder mehr (je nach Menge des Gemüses) und etwas Salz wenden, auf ein mit Backpapier ausgelegtes Backblech legen.

Wer mag, legt noch einige Knoblauchzehen, Rosmarin-, Thymian- und/ oder Majoranzweige darüber.

Ab in den Ofen und bei 180°C (Umluft) so lange backen, bis das Gemüse gar ist.

Sieht toll aus und kann komplett mit dem Blech auf den Tisch (Achtung heiß!).

Gurkengemüse
is(s)t mal was anderes und sehr frisch

Aus Gurken lässt sich sehr viel mehr zaubern als nur Salat. Warm schmecken sie trotzdem erfrischend, überhaupt nicht langweilig und sind eine willkommene Abwechslung auf dem Teller.

Gurken waschen, und längs halbieren. Die Kerne entfernen, Gurken dann in 1-2 cm große Stücke schneiden.

Schlangengurken

Mandel- oder Hafersahne

In die Pfanne 2 EL Kokosöl-Salz-Mischung geben, Gurken dazu, Deckel drauf und die Gurken bis zur gewünschten Konsistenz braten. Wer noch nicht oft Gurken als warme Mahlzeit zubereitet hat: Einfach zwischendurch kurz testen.

Fertige Mandel- oder Hafersahne mit Gemüsebrühe würzen und zum Schluss über das Gurkengemüse geben. Kurz aufkochen lassen.

Tipp: Wir essen das Gurkengemüse am liebsten mit Reis.

Gurken-Hafermilch-Drink, roh
gibt sofort frische Energie

Das Tolle an Gurken: Sie schmecken roh und gekocht, geben ganz viel Frische und sind leichte Kost, weil sie zu einem großen Teil aus Wasser bestehen. Aber auch Kalium, Magnesium und Phosphor stecken drin im grünen Wundergemüse, das man nicht unterschätzen sollte.

1 Gurke entkernen und in grobe Stücke schneiden.
Mit 1/2 l Hafermilch,
dem Saft von einer Limette
und etwas Salz

im Mixer pürieren.

Schlangengurke

Hafermilch

Limette

Tipp 1: Im Sommer noch etwas Eis mit in den Mixer geben.
Erfrischung satt!
Tipp 2: Geht auch gut für Gäste, zum Beispiel als Willkommensdrink.
Dann einfach in hohe Gläser füllen, mit frischer Minze oder
Melisse dekorieren – Prost!

Hack-Salat
auch gut zum Frustabbau

Das ist unser „Reste-Essen-Salat". Kennt ihr bestimmt auch: Es ist noch jede Menge da, aber von allem nur ein bisschen. Was heißt nur? Auf geht's zum Hacken! Hier werden wir miese Laune los

Gemüse und Salate hacken – fein oder grob – ganz nach Belieben und aktueller Laune.

Falls vorhanden, noch ein paar getrocknete Tomaten, Oliven, Kürbis- und Sonnenblumenkerne, Nüsse und frische Kräuter darunter mischen.

Mit VeggiReggis Salatsoße lecker „anmachen".

Wir sagen: Besser Hunger-Hacken als Hungerhaken …

Macht pappsatt!

verschiedene Gemüse und Salate

VeggiReggis Salatsoße

Haferflocken mit Ananas
schmecken nussig-frisch-fruchtig

Haferflocken sind Kohlenhydrat- und Eiweiß-Bomben und haben einen hohen Gehalt an ungesättigten Fettsäuren (die guten!). Dazu ist in den leckeren Flocken ein Vita-Mix aus löslichen Ballaststoffen und Vitaminen wie B1 und B6, Zink, Eisen, Calcium, Magnesium und Phosphor. Sie können sich sogar positiv auf den Cholesterinspiegel und den Blutzuckerspiegel auswirken. Oder kurz: Haferflocken sind der Hammer – nicht nur zum Frühstück.

1 Tasse Haferflocken in Wasser einweichen (ca. 15 Minuten), dafür so viel Wasser nehmen, dass die Haferflocken bedeckt sind.

In der Zwischenzeit frische Ananas in kleine Stücke schneiden und zusammen mit 1 EL Nussmus unter die eingeweichten Flocken heben.

Tipp: Ein paar frische Kräuter, z. B. Basilikum (doch, ehrlich!) untermischen und über den Extrakick Frische freuen.

Haferflocken

Ananas

Haferflocken mit frisch gepresstem Saft
gibt Power nicht nur zum Start in den Tag

So einfach, dass da noch niemand früher drauf gekommen ist … Oder vielleicht hatte auch schon jemand die Idee? Egal: Hier ist ein ganz schneller Powerschub mit Saftkraft.

1/2 Tasse Haferflocken mit einer Tasse frisch gepresstem Obstsaft (z. B. Orangen- oder Grapefruitsaft, je nach Geschmack)
15 Minuten einweichen. Danach mit geriebenen oder grob gehackten Nüssen bestreuen.

Macht satt, ist sehr gehaltvoll und ratzfatz fertig.

Tipp: Auf Wunsch und nach Geschmack ein paar Rosinen dazu geben.

Haferflocken

frisch gepresster Fruchtsaft nach Wahl

Hummus
alias „Michaels Leibspeise"

Unser Märchen aus 1001 Nacht, oder von 1001 Teller ... Sehr gern gegessenes Lieblingsessen,

1 Paket getrocknete Kichererbsen über Nacht einweichen (genügend Wasser nehmen, die Kichererbsen quellen um das Doppelte auf).

Am nächsten Morgen die Kichererbsen in Wasser kochen, bis sie gar sind (dauert höchstens 20 Minuten).

Tipp 1: Immer gleich ein ganzes Päckchen Kichererbsen kochen. Daraus gibt es einmal (na gut, oder zweimal) Hummus; den Rest bewahre ich im Kühlschrank auf – zum Beispiel für eine Kichererbsen-Kartoffelsuppe (Seite 139) oder eine Kichererbsen-Wirsing-Pfanne (Seite 143).

Kichererbsen mahlen (die gekeimten und auch die gekochten – geht gut in der Küchenmaschine),

in eine Schüssel geben,

zusammen mit Zitronensaft (von 2 Zitronen),
1/2 Glas Tahin,
Salz (1/2 Teelöffel oder mehr),
Chilipulver oder -flocken (eine Prise genügt)
vermischen und so viel Wasser hinzugeben, bis eine cremige Masse entsteht.

Zum Schluss 1 EL Olivenöl unterrühren.

Tipp 2: Einen Teil mit Rote-Bete-Saft vermischen.

Tipp 3: Einen Teil mit Pesto vermischen.

Getrocknete Kichererbsen oder gekeimte rohe Kichererbsen

Zitronensaft

Wasser

Tahin (Sesampaste)

Kartoffel-Möhrentopf
mit echter Leibspeisen-Garantie

Dieser Eintopf schmeckt immer – und besonders gut war er von meiner Mama (die allerdings damals noch kleine Fleischwürfel hineingeschnitten hat. Fehlen mir in dieser Version aber ganz und gar nicht.)

Rohe Kartoffeln und Karotten schälen, in Würfel schneiden. 2 EL Kokosöl mit etwas Salz in der Pfanne oder im Topf heiß werden lassen und die Kartoffeln und die Karotten darin anbraten.

Kartoffeln

Karotten

Mit Deckel bei kleiner Hitze weiter dünsten, bis alles gar ist (ab und zu mal sanft umrühren und dabei auch gleich testen, wie weich das Gemüse ist).

Ganz zum Schluss noch eine halbe bis ganze Tasse Gemüsebrühe dazugeben, das macht das Ganze schön sämig. Dabei nur so viel Gemüsebrühe verwenden, dass der Eintopf alle Flüssigkeit aufnehmen kann.

Nur kurz erwärmen.
Kräftig würzen und fertig.

Die Verbindung Kartoffeln mit Möhren gibt einen wunderbaren Geschmack. Und dazu ist alles wirklich ruckzuck fertig – in höchstens 20 Minuten.

Da bleibt garantiert nichts übrig.

Kartoffeln mit Pesto
gewinnt den Schnelligkeits-Preis und ist soo lecker

Kartoffeln mit Quark ist ein bekannter Klassiker. Wir haben ihn abgewandelt und – nach unserer Meinung – sogar noch leckerer gemacht.

Kartoffeln kochen und noch warm halbieren.

Darauf das Pesto (aus dem Glas vom Biomarkt oder selbst gemacht) anrichten.

Davon esse ich leider immer zuviel …
Zum Glück ist es ein gesundes Gericht.

Festkochende Kartoffeln

Pesto

Kartoffelsalat mal anders
und mit „Mmmmh-Garantie" garniert

Passt als Mitbringsel zur Party oder als Gericht für eigene Gäste, schmeckt als „mal eben"-Abendessen oder mittags … Ganz egal wann, dieser Kartoffelsalat bringt einen Überraschungseffekt mit.

Kartoffeln putzen und mit Schale in wenig Wasser kochen.

Währenddessen Oliven fein hacken
und mit den Kapern,
Schnittlauch oder Petersilie,
2 EL Zitronensaft,
1 klein gehackten Knoblauchzehe,
Olivenöl,
Salz
und sonstige Gewürzen nach Wahl,
gut vermischen.

Fertige Kartoffeln (immer noch mit Schale) vierteln und mit dem vorbereiteten Dressing vermengen.

Ein paar frische Kräuter darüber streuen und am besten noch warm servieren. Schmeckt natürlich auch kalt sensationell, aber mmmh, wer schwärmt nicht für lauwarmen Kartoffelsalat?

Festkochende Kartoffeln

Pesto

Oliven

Kapern

Kichererbsen-Kartoffelsuppe
kommt oft auf den Tisch

Kartoffelsuppe ist großartig, aber noch großartiger wird sie, wenn sie wie hier ein bisschen variiert wird. In diesem Fall mit feinen Kichererbsen und Gewürzen – deftig, lecker, echter Sattmacher.

2 EL Kokosöl in Pfanne oder Topf erhitzen,
1 TL Paprikapulver sowie den Knoblauch und/oder Zwiebel dazugeben, andünsten.

Dann die geschälten und kleingeschnittenen Kartoffeln sowie die kleingeschnittenen Tomaten (geht auch aus dem Glas) dazugeben. Bei leichter Hitze dünsten, bis die Kartoffeln weich sind.

Mit Gemüsebrühe auffüllen und mit Salz und weiteren Gewürzen nach Wahl abschmecken.

Die vorgekochten Kichererbsen hinzufügen und kurz warm werden lassen.

vorgekochte Kichererbsen

Kartoffeln

Paprikapulver

Knoblauch und/oder Zwiebeln

Tomaten

Kichererbsen, scharf
und mit extra Ausrufezeichen nach scharf (!)

Natürlich könnt ihr die Schärfe nach eigenem Empfinden und Geschmack variieren. Aber als Tipp vorneweg: Scharf ist gesund, und es macht glücklich. Weil das enthaltene Capsaicin dafür sorgt, dass Endorphine – Glückshormone! – ausgeschüttet werden, außerdem wird die Verdauung angeregt.

1 EL Kokosöl in einer Pfanne erhitzen. Chilischote entkernen und – wichtig – die Trennwände entfernen (hier sitzt die Schärfe!). Chili hacken und in der Pfanne anrösten.

Vorgekochte Kichererbsen

Petersilie

1 Chilischote

Gekochte Kichererbsen (2-4 Tassen) dazugeben, vermischen und warm werden lassen.

Zum Schluss eine große Handvoll gehackte Petersilie dazugeben. Salzen und nochmals alles gut vermischen.

Tipp: Als Variante zur Petersilie einfach mal Koriander versuchen. Ganz eigener Geschmack, der das Ganze intensiviert und besonders macht.

Kichererbsen-Wirsing-Pfanne
deftig-duftig köstlich

Wirsing ist eine Kohlart und schon lange bekannt. Seine Blätter sind zarter als die anderer Kohlsorten, die inneren hellen Teile sind schon nach kurzer Zeit gar. In dieser Variante mit Kichererbsen wird daraus ein wunderbar sättigendes Gericht.

Wirsing in feine Streifen schneiden.
In einer Pfanne mit Kokosöl-Salz-Mischung anbraten.

Mit einem Glas Weißwein (muss aber nicht sein, alternativ geht auch Gemüsebrühe) ablöschen, Deckel darauf. Bei kleiner Hitze „schmorgeln" lassen, bis alles gar ist.

Dann mit Mandel- oder Hafersahne vermischen, kräftig mit Salz und Gewürzen nach Wahl abschmecken. Muskatnuss ist z. B. super lecker dazu.
Zum Schluss die vorgekochten Kichererbsen darunterheben und warm werden lassen, falls sie schon abgekühlt waren.

Tipp: Im Winter ist das ein warmes Wohlfühlessen.

Gekochte Kichererbsen

1 Kopf Wirsing

Mandel- oder Hafersahne

Kohlrabi-Carpaccio
für Rohkost-Fans

Es gibt ihn in weiß und blau, er liefert viel Vitamin C und schmeckt, wie Kohlrabi eben schmeckt – auch, weil die Fruchtsäuren (Apfel- und Citronensäure) deutlich durchschmecken. Die jungen Blätter übrigens können wie anderes Blattgemüse verwendet werden, und das lohnt sich: Hier stecken sogar noch mehr Vitamin C, Carotin, Calcium und Eisen drin.

Kohlrabi in dünne, runde Scheiben schneiden (geht super mit der elektrischen Brotschneidemaschine und kostet nicht so viel Kraft).

Kohlrabi, roh

Auf großen Tellern arrangieren. Mit Salz und Gewürzen nach Wahl abschmecken. Etwas Olivenöl darüber träufeln, mit Pinienkernen (oder gern auch anderen Nüssen) bestreuen.

Kohlrouladen mit Kichererbsen
als neu interpretierter Klassiker

Ein Kandidat für ein echtes Sonntagsessen! Kann aber natürlich auch an jedem anderen Tag auf den Tisch. Gerne sogar mehrmals, so lecker ist das Ganze.

Etwa 2 Tassen vorgekochte Kichererbsen (den Rest für ein anderes Kichererbsengericht verwenden) etwas stampfen, bis ein grobes Mus, ganz ähnlich wie Teig entsteht. Mit Salz und Thymian würzen.

Kichererbsenmasse in kurz abgebrühte Kohlblätter einwickeln.
Die Rouladen dann in 2 EL Kokosöl braten, am besten mit Deckel auf Topf oder Pfanne.

Den restlichen Kohl (das ist der, der nicht für die „Wicklerei" gebraucht wurde) in feine Streifen schneiden und „mitschmurgeln" – gibt gleich noch eine wunderbar passende Beilage.

Tipp: Dazu Tomatensoße (Seite 203) servieren.

*Getrocknete Kichererbsen
(1 ganzes Päckchen)*

1 Wirsing

Tomatensoße

Lauch-Kartoffel-Rucola-Suppe
schmeckt im Frühling, oder Sommer, oder Herbst, oder Winter... also immer.

Rucola macht diese Suppe schön würzig, weil er seinen ganz eigenen Geschmack hat. Trotzdem wird es nicht zu aufdringlich – alle Zutaten passen hier schön harmonisch zusammen.

2 EL Kokosöl in großem Topf erhitzen. Gehackten Lauch und gewürfelte Kartoffeln langsam darin dünsten, bis das Gemüse weich ist (Deckel auf den Topf).

Heiße Gemüsebrühe und Nussmus hinzugeben, alles sämig pürieren.

Rucola hacken und hinzugeben, jetzt nicht mehr kochen.

Tipp: Nicht den ganzen Rucola hacken, ein paar Blättchen aufheben und zum Garnieren über die Suppe streuen.

3 Stangen Lauch

2 große Kartoffeln

ca. 900 ml Gemüsebrühe

2 große Handvoll Rucola

1 - 2 EL Nussmus

Linsen-Kürbis-Suppe
kann gut exotisch gewürzt werden

Klingt nach Herbst und schmeckt da auch wirklich lecker, funktioniert aber genauso in allen anderen Jahreszeiten. Besonders fein wird's natürlich, wenn die Kürbiszeit beginnt.

Kürbis halbieren (er muss nicht geschält werden, die Schale darf bei den normalen Sorten dran bleiben). Kerne entfernen, dann in grobe Stücke schneiden und in 2 EL Kokosöl weich dünsten. Gerne können Knoblauch oder Zwiebeln mit dazu.

Abgekochte rote Linsen (können auch braune sein) dazugeben.

Mit heißer Gemüsebrühe auffüllen.

1 EL Nussmus (oder mehr/weniger, ganz nach Geschmack) und 1 Prise Chili dazugeben.

Alles mit dem Pürierstab pürieren. (Kann auch in den Mixer, aber der Pürierstab macht vor allem in diesem Fall weniger Reinigungsarbeit).

Evtl. nachwürzen und heiß servieren. Mit ein paar ganzen, roten Linsen dekorieren.

Kürbis

Linsen, rot oder braun (rote sehen schöner aus)

Gemüsebrühe

Nussmus

Linsen-Kartoffel-Gemüse
gestatten: ein Traumpaar

Dieses Gericht lässt sich schnell und günstig zubereiten – auch, wenn man mal nicht zum Einkaufen kommt. Linsen und Kartoffeln haben wir immer zu Hause, oft sind gekochte Linsen von anderen Gerichten übrig … perfekt!

Rohe Kartoffeln schälen und in Würfel schneiden, in gesalzenem, heißen Kokosöl mit etwas Knoblauch braten, bis sie fast weich sind.

Gekochte Linsen und Tomatenmus dazugeben.
Kräftig mit Curry und Salz würzen, evtl. noch 1 EL Nussmus hinzufügen – je nach gewünschter Sämigkeit.

Tipp: Ich koche immer gleich ein ganzes Päckchen Linsen ab. Die kommen auf jeden Fall weg – zum Beispiel als Linsensalat (Seite 157), unter einen anderen Salat gemischt oder eben wie hier als Linsen-Kartoffel-Gemüse.

Linsen

Kartoffeln

Tomatenmus

Curry

Knoblauch

Linsen-Möhrensuppe
leuchtet lecker orange und sorgt für sonnige Gemüter

Voller Farbenpracht und intensivem Geschmack: im wahrsten Sinne des Wortes ein Highlight auf dem Teller.

Knoblauch und/oder Zwiebel in 1 EL Kokosöl andünsten.

Möhren in dickere Scheiben schneiden, zusammen mit den Linsen in der Pfanne kurz mit anrösten. Mit Gemüsebrühe ablöschen, ca. 15 Minuten köcheln lassen, bis die Linsen weich sind (dann sind auch die Möhren durch).

Kräftig abschmecken: mit Salz, Curry, Chiliflocken und sonstigen Gewürzen, nach Geschmack.

Diese Suppe kann, muss aber nicht püriert werden.

Tipp: Probiert exotische Gewürze wie Curry, Kurkuma, Kreuzkümmel etc.
        – schmeckt nach Fernweh und Urlaub.

*Rote Linsen
(müssen nicht eingeweicht werden, 200 g)*

3 Möhren

Gemüsebrühe

*1 Knoblauchzehe
und/oder Zwiebel*

Linsensalat mit Avocado und Tomaten
als gesunder Muntermix

Passt im Sommer, schmeckt Gästen und ist ein feiner und gesunder Begleiter, der mit vorgekochten Linsen superschnell fertig ist. Hülsenfrüchte sind überhaupt eines unserer liebsten und wichtigsten Nahrungsmittel, haben kaum Fett und viel Eiweiß. Schon 100 g ungeschälte Linsen decken gut ein Drittel des täglichen Bedarfs an Ballaststoffen! Abwechslungsreich zubereitet kommen sie bei uns oft auf den Tisch.

Linsen kochen, abkühlen lassen und mit Avocadowürfeln, halbierten Cocktailtomaten und klein gewürfelten Gurken vermischen.

VeggiReggis Salatsoße (Seite 207) darüber geben und vorsichtig unterheben.

Tipp: Macht sich auch gut als Büfett-Star, zum Beispiel bei Grillfesten.

Linsen

Avocado

Cocktailtomaten

Gurken

Löwenzahn-Salat
gilt nicht nur in Österreich als Delikatesse

Pusteblume statt Pustekuchen: Was wohl Peter Lustig zu diesem Salat sagen würde? Wir haben die Melodie sofort im Kopf und kriegen Appetit auf dieses gesunde Gericht.
Im Frühjahr wächst überall wunderschöner Löwenzahn.
Am besten die jungen Blätter nehmen (und nicht grade die vom Straßenrand).

Blätter waschen, große Blätter halbieren,
mit den halbierten Cocktailtomaten und
Veggireggis Salatsoße (Seite 207) vermischen.

Tipp: Die zarten Blütenknospen vom Löwenzahn kann man auch essen.
    Einfach mit ein bisschen Kokosöl, Knoblauch und Salz in der Pfanne
    kurz anbraten und zum Löwenzahnsalat reichen.

Löwenzahn aus der freien Natur (kostet keinen Pfennig)

Cocktailtomaten

VeggiReggis Salatsoße

Mangold mit Reis
präsentiert sich peppig

Zu Unrecht wird er manchmal als fad oder langweilig abgetan, der Mangold. Dabei kommt es nur darauf an, ihn „am Leben zu lassen", damit er knackig bleibt. Dann ist er ein wahres Multitalent in grün und bunt.

Den Vollkornreis nach Packungsangaben kochen. Lässt sich auch gut am Vortag erledigen!

Mangold in breite Streifen schneiden und mit 2 EL Kokosöl, gehacktem Knoblauch und/oder Zwiebel erhitzen und andünsten.

Chilischoten entkernen, Trennwände entfernen, ebenfalls fein hacken und dazugeben.

1/2 TL Currypulver, 2 EL Zitronensaft und etwas Wasser oder Hafersahne dazugeben und mit Salz abschmecken.

Die Mangoldmischung über den Vollkornreis geben.

Ein paar Tropfen Olivenöl darübergeben und sofort servieren.

Tipp: Geht natürlich auch hervorragend mit Nudeln oder Kartoffeln. Das Kernige vom Vollkornreis passt aber wirklich hervorragend – einfach ausprobieren und Favorit finden. Oder immer mal wieder abwechseln.

Vollkornreis

Mangold

Knoblauch und/oder Zwiebel

2 rote Chilischoten, frisch

oder

1 kleine Chilischote, getrocknet

Curry

1 Zitrone

Möhrensalat
als Rohkostklassiker und perfekter Picknickbegleiter

Decke, Wiese, Sonne: Mehr braucht es nicht für ein gemütliches Picknick draußen. Außer den kulinarischen Köstlichkeiten natürlich. Besonders beliebt: Karottensalat, den wir hier ein bisschen aufpeppen.

Möhren in Scheiben schneiden, mit 2 EL Kokosöl in Pfanne oder Topf dünsten, bis sie bissfest sind, oder roh verwenden.

Möhren

Zitronensaft

grüne entsteinte Oliven

Für das Dressing:
Zitronensaft,
Salz
Olivenöl
und Gewürze nach Wahl vermischen.
Entsteinte grüne Oliven in Scheiben schneiden und darunter heben.

Jetzt geht's drunter und drüber:
Dressing über die fertigen Möhren gießen und vorsichtig drunter mischen.

Mit Petersilie, Rucola, Basilikum oder Schnittlauch (oder …) bestreuen.

Natürlich ist der Salat auch drin und ohne Decke genauso lecker.

Nusskäse
als echter „Allrounder"

Wie oft werden wir mitleidig angeschaut, dass wir als Veganer ja keinen Käse essen ... Dabei haben wir diese leckere, gesunde Variante, mit der uns rein gar nichts fehlt.

4 gehäufte EL Nüsse,
Saft von 1 Zitrone,
1 Knoblauchzehe,
Salz nach Belieben.

Nüsse nach Wahl

Zitrone

Knoblauch

Alle Zutaten im Mixer pürieren.

Die leicht „bröselige" Konsistenz eignet sich super, um diesen „Käse" zum Beispiel über Nudeln oder alle Gerichte mit Soßen zu streuen. Schmeckt aber auch auf Salat supergut und passt mit dem zitronigen Knobi-Aroma gut aufs Grillbüfett... oder einfach auf die Lieberlinge.

Nuss-Sahne
einfach ein echter Hit

Oft werde ich gefragt, wie ich denn „die Sache mit der Sahne" mache. Und ob ich bei Kuchen & Co. immer darauf verzichte. Verzichten? Warum? Ganz im Gegenteil. Wir genießen diese Alternative und vertragen sie sehr viel besser.

150 ml Wasser
2 EL Nussmus (Cashew, Mandeln etc.)
im Mixer pürieren, fertig.

Wasser

Nussmus

Kann auch gleich mit Salz und Pfeffer, Kräutern und Gewürzen gemixt werden.

Schmeckt zu allen Gemüsesorten oder Nudeln.

Psst: Keiner merkt, dass das keine „echte Sahne" ist.

Tipp: Mit 1 gehäuften EL Senf und 2 EL Zitronensaft vermischt, wird die Nuss-Sahne zu einer wunderbaren Sauce Hollandaise. Super lecker zum Beispiel zu Spargel.

Orangen-Ananas-Dessert
südfruchtig, fröhlich, farbig

Südfrüchte machen münter, ich meine – munter. Sehen toll aus, sorgen schon bei der Vorstellung dafür, dass einem das Wasser im Mund zusammenläuft und werden in dieser Kombination zum Superstar-Duo.

Geschälte Orangen und Ananas in dünne Scheiben schneiden und auf einem großen Teller schön anrichten. Das Auge isst mit!

Orangen

Ananas

Gemahlene Nüsse darüber streuen.

Sieht toll aus, schmeckt köstlich, macht glücklich und schenkt jede Menge Vitamine.

Orangencreme
bringt Sonne in die Schüssel

Orangen schälen und vierteln, zusammen mit den Nüssen im Mixer pürieren, bis eine cremige Konsistenz entsteht.

2 Orangen

2 Tassen Nüsse

Tipp für die Süßen: Mit Agavendicksaft abschmecken.

Paprika, gefüllt
Kindheitserinnerungen inklusive

Uns geht es zumindest so: Gefüllte Paprika sind oft auf den Tisch gekommen und waren früher sehr beliebt. Wir setzen uns für den Erhalt dieses Gerichtes ein – das darf ruhig öfter serviert werden, wenn's nach uns geht.

Paprika halbieren, entkernen, Trennwände entfernen und auf ein mit Kokosöl gefettetes Backblech setzen.

Mit Reis oder der Tomaten-Zucchini-Mischung (s. u.) füllen, mit etwas Kokosöl beträufeln, getrocknete Kräuter (Thymian, Majoran, Kräuter der Provence) darübergeben.

Im vorgeheizten Backofen bei 180°C (Umluft) so lange backen (ca. 30 Min.), bis die Paprika al dente bzw. weich sind (zwischendurch mit scharfem Messer überprüfen).

Füllung 1:
Reis vom Vortag mit Tomatensoße (Seite 203) mischen.

Füllung 2:
In Würfel geschnittene Zucchini und Tomaten, eine Handvoll Oliven (ohne Steine) grob hacken, Salz, Pfeffer, 2 EL Kokosöl und 2 EL Nuss-Parmesan (selbst gemacht, direkt aus dem Kühlschrank bzw. Seite 177) mischen und in die Paprikahälften füllen.

Paprika
(grün, gelb, rot, orange oder alle Farben gemischt)

Für die Füllung:

Tomaten-Zucchini-Mischung

Paprikacreme
auf Brot, auf Pasta, auf jeden Fall

Begeistert als Brotaufstrich, lässt sich aber auch prima zum Dip für Gemüsestreifen oder mit kaltem Vollkornreis zu einem Salat verwandeln.

Paprika,
Chili,
Knoblauch,
1 EL Olivenöl,
salzen und im Mixer fein pürieren.

1 Glas gehäutete, eingelegte Paprika

1 kleine getrocknete Chilischote

3 Knoblauchzehen

Parmesan (vegan)
zum Beispiel für Pasta, basta.

So ähnlich wie mit der Sahne ist es auch mit dem Käse. „Waaas? Keinen Käse? Aber zu Spaghetti Bolo gehört doch Parmesan!" Ja klar gehört der dazu – eben in meiner veganen Variante, und mindestens ebenso lecker.

Nüsse mit Salz (Menge am besten ausprobieren) im Mixer so lange mahlen, bis die Nüsse aussehen wie Parmesan – schon fertig, schön locker, super lecker.

Für Salat, über Nudeln, Reis etc.

Lässt sich gut auch in größeren Mengen machen und im Kühlschrank aufbewahren. Bei Bedarf hat man dann immer Parmesan bereit und kann sofort zugreifen.

Tipp: Ich nehme für ein Gericht ca. 3 EL Nüsse und ein Löffelchen Salz. Lieber erst mal weniger salzen, nachsalzen geht immer.

Nüsse
(alle Arten)

Salz

Pastinakensuppe
altes Gemüse, neu entdeckt

Seit einiger Zeit erlebt die Pastinake ein wahres „Revival". Dabei ist das Wurzelgemüse schon sehr alt und gehörte früher zu den Sorten, die so ziemlich jeder im Garten hatte. Der Petersilienwurzel ganz ähnlich, aber milder und feiner im Geschmack, süßlich-würzig. Übrigens: Pastinaken haben viermal mehr Kalium, Eiweiß und Vitamin C als Karotten.

Pastinaken (mit Schale, gut abgebürstet) in große Stücke schneiden.

2 EL Kokosöl in einen Topf heiß werden lassen,
die Pastinakenstücke dazugeben und (mit Deckel auf dem Topf)
so lange schmoren, bis sie weich sind.

Mit heißer Gemüsebrühe auffüllen.
2 EL Mandelmus hinzufügen und mit dem Pürierstab zu einer schaumigen Suppe pürieren.

Mit Salz und Pfeffer abschmecken.
1 EL Zitronensaft einrühren.

Eine wunderbare Wintersuppe!

Tipp: Wer Lust und Zeit hat, röstet ein paar gehackte Nüsse kurz in der Pfanne (ohne Fett). Einfach über die Suppe streuen, fertig ist ein knackiges Topping.

Pastinaken

Gemüsebrühe

Nussmus

Pesto
klassisch gut, frisch am besten

Aus dem Glas gibt es tolle Sorten, noch besser ist die frische Variante. Lecker zu Pasta, aber auch zu Kartoffeln sehr fein. Und das Beste: Niemand gibt uns vor, welche Nüsse denn nun genau hineingehören. Wir variieren einfach nach Lust und Laune.
Pesto lässt sich, egal was gesagt oder geschrieben wird, wirklich aus allen Kräutern machen – und so wunderbar variieren. Ein paar Beispiele: Petersilie, Schnittlauch, Bärlauch, Löwenzahn, Rucola oder Basilikum.

Die Lieblingskräuter fein hacken oder direkt im Mixer zusammen mit Olivenöl, Knoblauch, Salz und weiteren Gewürzen nach Wahl sowie Nüssen mixen, bis eine fein-oder grobcremige Konsistenz entsteht.

Tipp: Als Alternative zum typischen Parmesan nehme ich Nüsse. Auch da gilt – einfach nehmen, was gefällt oder gerade zu Hause ist, z. B. Cashewkerne, Walnüsse, Pinienkerne, Mandeln, Haselnüsse, Macadamianüsse, Sonnenblumenkerne, Kürbiskerne, …

Jede Variante schmeckt anders, alle schmecken super und ihr habt einfach mit den verschiedenen Pestosorten eine große Rezeptvielfalt in der Hinterhand.

Kräuter

Olivenöl

Nüsse

Pilz-Oliven-Soße
für Spaghetti, zur Abwechslung

Spaghetti mit Tomatensoße – auf der Hitparade der Lieblingsessen rangiert dieser Klassiker weit oben. Aber warum immer nur das eine? Mit dieser pikanten Variante schmecken Spaghetti nach Italien oder Griechenland, nach Urlaub und ganz neu.

Champignons von Stielen und grobem Schmutz befreien, würfeln.
Oliven,
grob gehackte Petersilie,
Chilischote (entkernt, Trennwände entfernt und in grobe Stücke geschnitten),
grob gehackte Knoblauchzehe
zusammen im Mixer grob mixen.

1 EL Olivenöl dazu geben.

Ganze Tomaten in einer Pfanne (ohne Öl) erhitzen, bis sie platzen.

Pilz-Oliven-Sauce mit den Spaghetti gut vermischen und mit den Tomaten toppen.

300 g Champignons

1 Tasse schwarze Oliven ohne Stein

2 EL Petersilie

1 Chilischote

1 Knoblauchzehe

20 Kirschtomaten

Pilze, gegrillt

ja, so einfach, und so lecker, dass sie trotzdem „Rezept" heißen dürfen

Pilze sind aromatisch, kalorienarm, super Eiweißlieferanten und echte Mineral- und Ballaststoff-Speicher. Wichtig: Pilze schnell und vor allem frisch verarbeiten.

Die Stiele und evtl. groben Schmutz von den Pilzen entfernen, halbieren und auf ein Backblech legen.

1 bis 2 EL Kokosöl mit Salz, durchgepresstem oder klein gehacktem Knoblauch und Gewürzen nach Wahl vermischen. Damit die Pilze vorsichtig bestreichen und im Backofen grillen (ca. 6 Minuten) oder in der Pfanne scharf anbraten. Eine Grillpfanne funktioniert super, muss aber nicht sein.

Noch heiß zu VeggiReggis Lieberlingen (Seite 81) oder anderen, gerösteten Brotscheiben servieren.

Tipp 1: Bei uns kommen diese leckeren Pilze oft lauwarm auf einen Salat.

Tipp 2: Schmecken auch super zu Spaghetti.

Champignons, groß

oder andere Pilze

Polenta mit Pilzsauce
passt perfekt zum großen Hunger

Polenta ist eine Art Brei aus Maisgrieß, sehr fest, sehr fein und ein ordentlicher Sattmacher. Oft unterschätzt, bei uns aber sehr geschätzt – denn sie lässt sich vielseitig verwenden und zum Beispiel auch anbraten. Den Brei dann einfach abkühlen lassen und in Scheiben schneiden. Dazu passt die rohe Tomatensoße (Seite 205) oder die schnelle Tomatensoße (Seite 203).

Groben Schmutz von den Pilzen entfernen, Pilze (frische Steinpilze, Champignons, Seitlinge, Pfifferlinge etc.) in Scheiben schneiden, zusammen mit 2 gehackten Knoblauchzehen in 2 EL Kokosöl anbraten.

3 Tomaten häuten und in Würfel schneiden,
Petersilie hacken
und zu den Pilzen geben.
Etwa 5 Minuten köcheln lassen.

Tomatenmark und 1 Tasse heiße Gemüsebrühe (nur so viel, dass sie nachher fast eingekocht ist) sowie Thymian dazugeben.

Umrühren und so lange köcheln lassen (wieder ca. 5 Minuten), bis eine sämige Sauce entstanden ist. Ab und zu umrühren. Salzen und abschmecken.

Polenta gemäß Packungsbeilage kochen, auf Teller geben. In der Mitte eine Vertiefung formen und in diese die Pilze geben.

Polenta

500 g frische Pilze

2 Knoblauchzehen

3 EL Petersilie

3 Tomaten

1 EL Tomatenmark

Gemüsebrühe

1 TL Thymian getrocknet oder 2 TL frisch

Popcorn
zur Party, zum Filmabend, zu fast allem

Popcorn? Ehrlich? Ja klar! Die Anschaffung einer Popcornmaschine lohnt sich, versprochen! Im Internet gibt es eine große Auswahl; am besten eine ganz einfache, aber vor allem eine leise Maschine kaufen – die sind außerdem wirklich günstig. Nicht nur die Kinder werden begeistert sein!

Popcorn ist sehr gesund, reinigt Magen und Darm und entsäuert. Außerdem hat es null Fett und, weil geröstet, gute Dextrine.

Am Morgen: Einen geriebenen Apfel (plus 1 Prise Salz) mit Nüssen vermischen, dazu Popcorn.

Am Abend   oder als Willkommensgruß:
           Popcorn mit Oliven servieren.
           Schnell, außergewöhnlich und noch dazu gesund.

Popcornmais

Das Gute an diesem einfachen, überraschenden und so gesunden Snack: Viel biologisch wertvolles Eiweiß, Kalium, Magnesium, Phosphor, Vitamin A, C und E und wertvolles Keimöl. Alles in einem, und Spaß macht es sowieso.

Tipp: Kinder können ganz fix selbst eine Portion für sich und ihre Freunde zubereiten. Der Hit!

Rote Bete-Carpaccio
roh oder gekocht

Sie schreibt sich tatsächlich mit nur einem „e", und sie färbt tatsächlich die Finger. Am besten beim Bearbeiten also Einmal-Handschuhe anziehen. Die Farbe kommt übrigens von der hohen Konzentration an Betanin. Plus: Extra viel Vitamin B, Kalium, Eisen und vor allem Folsäure.

Rote Bete hauchdünn in Scheiben hobeln oder schneiden. Auf dem Teller schön anrichten.

Mit Salz würzen, Olivenöl und Zitronensaft darüber geben. Rucola darauf setzen.

Tipp: Ein Glas Rotwein dazu und La Dolce Vita genießen.

Rote Bete

Rucola

Zitronensaft

Rucola-Kartoffelsuppe
bissig statt bieder

Kartoffeln vertragen sich phantastisch mit grünen Blättern wie Rucola, Löwenzahn oder Basilikum. Damit wird die Suppe schön frisch und lässt sich fein variieren.

Kartoffeln in Würfel schneiden und mit Zwiebel und/oder Knoblauch, 1 EL Kokosöl und Salz in der Pfanne oder im Topf weich dünsten.

Mit heißer Gemüsebrühe auffüllen.

Eine große Handvoll Rucola, Basilikum oder Löwenzahn grob mit der Hand zerteilen und in die Suppe geben.

Sofort pürieren (nicht mehr kochen).
Falls nötig, mit Salz und Gewürzen nach Wahl abschmecken.

Mit etwas geschnittenem Rucola garnieren.

Kartoffeln

Rucola

Gemüsebrühe

Smoothie
gibt Superpower zum Tagesstart

Im Frühling und Sommer gehen wir am frühen Morgen in den Wald, immer ausgerüstet mit Tütchen. Unterwegs sammle ich frische Blätter von wilden Himbeeren oder Brombeeren, taube Nesseln, Löwenzahn, Klee oder was sonst noch so alles wächst. Wir kommen auch an einem wunderschönen Lindenbaum vorbei – vorsichtig zupfe ich ein paar frische grüne Blätter ab. Bis wir zu Hause sind, habe ich mein Tütchen voll.

Die Blätter kommen gewaschen in den Smoothie (natürlich schaue ich kurz durch, ob nicht irgendwo ein dicker Käfer sitzt, denn unser Smoothie soll ja vegan und nett zu Tieren sein). Toll! Das alles gibt es kostenlos und mit allen wichtigen Nährstoffen top ausgerüstet.
Unser Lieblingsfrühstück! Schnell und soooooo gesund.

- Obstsmoothie
  100 % Obstsaft oder 100% reines Kokoswasser,
  oder Mandel-/ Hanf- oder Hafermilch
  reichlich Zitronensaft
  Obst nach Wahl
  Stück Ingwer
  und eine große Handvoll „Grün" (im Winter gibt es z. B. tollen, dunkelgrünen Spinat, Grünkohl oder Feldsalat)

Obst nach Wahl,

„Grünes" je nach Jahreszeit

- Gemüsesmoothie
  Kokoswasser oder normales Wasser,
  Gemüse, viel Grün (siehe oben)
  Zitronensaft
  Stück Ingwer

zusammen im Mixer fein pürieren.

Jeden Tag anders und immer wieder köstlich.

Tipp: Etwas mehr machen und in einer kleinen Flasche mit ins Büro nehmen.

Spaghetti mit roher grüner Soße
macht frisch im Kopf und glücklich im Bauch

Kräuter sind so vielseitig und als Frischekick nicht aus der Küche wegzu-
denken. In der Soße sorgen sie für ein echt „grünes Glücksgefühl".

Die Kräuter (Rucola, Basilikum, Löwenzahn oder Petersilie) in feine Streifen
schneiden.

Vollkornspaghetti

Kräuter

Mit etwas fein geriebener Zitronenschale,
fein gewürfeltem Knoblauch,
klein gehackter Chilischote (entkernen, Trennwände entfernen),
Olivenöl sowie Salz und Gewürzen nach Wahl vermischen.

Unter die gekochten Spaghetti mischen, mit Nuss-Parmesan bestreuen.

Tomaten, gebraten
wie man sie noch nicht kennt

Eine abgewandelte Form der „Red fried tomatoes", einem Klassiker der Südstaatenküche. Raffiniert, rot, richtig lecker.

Tomaten in dicke Scheiben schneiden.

2-3 EL Vollkornmehl mit Salz und getrockneten Kräutern (Thymian, Oregano, Rosmarin oder Majoran) würzen.

Die Tomaten darin wälzen und in heißem Kokosöl braten (oder alternativ im Ofen bei 200°C grillen).

Dazu ein grüner Salat.
Schnell was einfaches, mal was ganz anderes!

Große Tomaten

(Ochsenherzen oder Fleischtomaten)

Vollkornmehl

Tomatensoße
ratzfatz gemacht und schmeckt super!

Soße, Suppe, Sugo … Tomaten eignen sich ideal für „flüssige" Beilagen, zum Beispiel zu Nudeln, Reis oder frischem Fladenbrot.

1 EL Kokosöl,
1 fein gehackte Knoblauchzehe,
getrocknete Kräuter
im Topf erhitzen, bis ein feiner Duft durch die Küche zieht. (Mmmmh, und wie das duftet!)

Eine Flasche (400-500 ml) reines Tomatenmus (im Bioladen, ohne Zusatz) hinzufügen, durchmischen und ein paar Minuten köcheln lassen.

Kräftig mit Salz und Pfeffer (und nach Geschmack ein paar Chiliflocken) würzen.

1 Flasche Tomatenmus

Knoblauch

Kräuter der Provence

Tipp: Mit etwas Gemüsebrühe verlängert wird daraus eine wunderbare Tomatensuppe. Ein paar fein geschnittene Kräuter darüber, einen Schuss Hafer- oder Mandelsahne vor dem Servieren dazu – unbeschreiblich gut, und außerdem toll anzusehen.

Tomatensoße, roh
für die ganz Schnellen

Im Sommer unsere Lieblingssoße. Eine frische Alternative, die wirklich schnell geht und phänomenal fruchtig schmeckt.

Frische sonnengereifte Tomaten halbieren.

Die getrockneten Tomaten und die Karotte in grobe Stücke schneiden und zusammen mit den Kräutern, Salz, Knoblauch und 1 EL Olivenöl im Mixer grob pürieren (am besten nicht zu fein, alles sollte noch „Biss" haben).

Kräftig würzen.

Dazu passen:
Nudeln, Gemüsenudeln, Reis, Brot (versucht VeggiReggis köstliche Lieberlinge, Seite 81) und noch viel mehr.

Frische Tomaten

getrocknete Tomaten

1 Karotte

frische Kräuter

(Thymian, Rosmarin, Oregano, Majoran)

VeggiReggis spezielle Salatsoße
als Grundrezept für viele Varianten

Salat kommt bei uns so ziemlich jeden Tag auf den Tisch, und immer kommt meine Salatsoße darüber. Trotzdem schmeckt das nie gleich, denn wir variieren immer wieder, experimentieren und genießen die Abwechslung in der Salatschüssel.

Grundsoße für 1 große Schüssel Salat:
1 EL Zitronensaft (falls nicht vorhanden, Apfelessig),
1/2 Teelöffel Salz,
1 gehäufter TL Senf,
2 EL Olivenöl
gut vermischen.

Zitronensaft

Salz

Senf

Olivenöl

Am besten gleich eine größere Menge der Salatsoße anmischen und im Kühlschrank aufbewahren. Das reicht dann für die ganze Woche.

Tipp: Zu dieser Grundsoße passen ganz nach Lust und Laune Knoblauch, Zwiebeln, Kräuter usw.

Weißkraut mit Lauch in Sahnesoße
gar nicht unschuldig, aber fein

Weißkraut, hellgrüner Lauch, weiße Soße … dieses „helle" Gericht hat's trotzdem in sich. Schmeckt aromatisch und lässt sich natürlich nach Belieben würzen. Und: Die Kombination ist ein echter Knaller.

Weißkraut in feine Streifen schneiden.
Lauch in dünne Ringe schneiden.

2 EL Kokosöl mit Salz in einer Pfanne oder Topf erhitzen.
1 EL Senfsamen hinzugeben und leicht rühren, bis sie aufplatzen.

Weißkraut und Lauch hinzufügen, alles gut durchmischen und einige Minuten braten.

Mit Hafer- oder Mandelsahne verfeinern und evtl. nochmals
mit Salz und Gewürzen abschmecken.

Tipp: Dazu passen Kartoffeln, Nudeln oder VeggiReggis tolle Lieberlinge
        (Seite 81). Schmeckt aber auch ganz pur.

Weißkraut

Lauch

gelber Senfsamen
(falls zur Hand,
schmeckt auch ohne)

Hafer- oder Mandelsahne

Weizenschrot mit geriebenem Apfel
auch „Fast Food" genannt

Gewusst? Weizen ist nach Gerste die älteste Getreideart. Weizenschrot ist auch als Bulgur bekannt und besonders in der orientalischen Küche beliebt. Er entsteht, wenn die ganzen Weizenkörner gemahlen werden.

1 Tasse Weizenschrot über Nacht mit Wasser einweichen (dabei so viel Wasser nehmen, dass morgens alles aufgesogen ist – einfach ausprobieren; den Dreh für die richtige Menge habt ihr schnell raus).

Am nächsten Tag mit 1 Tasse geriebenem Apfel und etwas frischem Zitronensaft mischen. Eventuell noch kleingehackte Nüsse und, wer mag, ein paar Rosinen hinzugeben.

Zum Beispiel als Frühstück essen, oder vorbereitet als schnelles Mittagessen mitnehmen.

Ratzfatz fertig und schmeckt toll. Michael liebt es, und zwar so sehr, dass das wirklich eine extra Erwähnung wert ist.

Weizenschrot

geriebener Apfel

Zucchinicreme
zu frischem Brot, zu Nudeln, zu Hause, zum Grillbüfett …

Tahin, auch Tahina, wird aus fein gemahlenen Sesamkörnern gewonnen. Daraus entsteht ein Mus, das zum Beispiel auch wichtiger Bestandteil des beliebten Hummus ist. Der Hit dabei: In Tahin stecken viele Vitamine (vor allem B1, B2 und B6) und sehr viel Calcium (fast fünfmal so viel wie Kuhmilch!).

2 Zucchini in grobe Stücke schneiden
2 EL Tahin (Sesammus bzw. Sesampaste)
Saft einer Zitrone
1 Knoblauchzehe
Salz nach Belieben
1 Handvoll frische Kräuter (was gerade zur Verfügung ist),

alles zusammen im Mixer cremig pürieren.

Im Orient ist Baba Ghanoush verbreitet; dafür wird Aubergine mit Tahin püriert. Wir haben das nach unserem Geschmack und mit der etwas frischeren Zucchini abgewandelt.

Bringt einen Hauch Arabien auf den Teller.

Zucchini

Tahin

Zitrone

Knoblauch

frische Kräuter

Zucchini-Spinat-Suppe
grünt so grün …

Vorne habe ich es schon einmal gesagt, und weil es so wichtig ist, kommt es hier einfach noch mal: „Wenn du grün siehst, sperr den Mund auf!" Hier also besonders weit, denn Zucchini und Spinat sind die Hauptdarsteller in dieser Suppe. Zumindest, wenn ihr grüne Zucchini nehmt. Natürlich geht es auch mit gelben.

Zucchini in 1 cm dicke Scheiben schneiden und auf ein mit Backpapier belegtes Blech geben. Mit Kokosöl bestreichen, etwas salzen und mit Zitronensaft beträufeln.

Im Ofen bei 180°C (Umluft) ca. 5-10 Minuten backen.

Gehackten Knoblauch in 1 EL Kokosöl anbraten,
Spinat dazugeben und mitdünsten, bis er zusammenfällt.
Brühe hinzugeben.

2/3 der Zucchini sowie das Nussmus hinzugeben,
alles fein pürieren.

Evtl. mit Salz und Zitronensaft abschmecken.

Suppe in Teller geben und mit den restlichen gebratenen Zucchinischeiben toppen. So bekommt die Suppe noch ein bisschen mehr „Biss".

3 Zucchini

ca. 300 g Blattspinat

1 Knoblauchzehe

1/2 l Gemüsebrühe

2 EL Nussmus

1 EL Zitronensaft

Ein paar Worte zu den „Weckern"
und wer dahintersteckt

Ein solches Werk wie „Weck den Veganer in dir" entsteht natürlich niemals allein oder nur von und mit einer Person. An diesem Buch waren viele wunderbare Menschen beteiligt, die „mitgeweckt" und mitgewirkt haben und die ich hier kurz vorstellen will. Damit ihr die Gesichter vor euch habt, wenn ihr blättert – und uns so ein Stückchen näher seid.

Regine Mauer
ist VeggiReggi und die Autorin, Initiatorin und Inspirationsquelle des Ganzen.

Die Vita, wichtige Gedanken und persönliche Worte zu VeggiReggi findet ihr ganz vorne und im ganzen Buch, auf jeder Seite.

Katja Baumgärtner
bleibt immer ruhig und gelassen.

Als Yoga-Queen (www.yoga-queen.de) unterrichtet sie Yoga in ihrem schönen Studio in Ettlingen-Bruchhausen. Zu uns hat sie Entspannung, ruhige Atmung und Gelassenheit mitgebracht – ein wahres Geschenk in der stressigen Buchproduktions-Hochphase. Katja hat mit uns gelacht und uns gezeigt, dass für Yoga immer Zeit ist.

Karin Bredenkamp
sorgt dafür, dass alles appetitlich aussieht.

Für Food-Design hat sie ein Händchen und viel Fingerspitzengefühl. Karin hat alle nachgekochten Rezepte für dieses Buch fein hergerichtet. Und das nur mit natürlichen Hilfsmitteln, sodass wir gemeinsam nach erfolgreicher Fotografier-Arbeit alles aufessen konnten. Also: Kein Spray, kein Lack, kein Kleber. Keine Kompromisse.

Pauline Fabry
hält Duft und Dampf im Foto fest.

Die Fotografin (www.paulinefabry.de) geht unter anderem in der Staatlichen Hochschule für Gestaltung Karlsruhe ein und aus, kam bei uns zur Tür hinein und ging direkt ins Herz. Pauline hat es geschafft, das Besondere der Gerichte zu betonen und in unverwechselbar lebendigen Bildern festzuhalten.

Sonja Schäddel
liebt und schafft Schönes.

Normalerweise tut sie das im Balance Naturkosmetik-Fachgeschäft und
Studio (www.naturkosmetik-ettlingen.de) in Ettlingen. Für dieses Buch
hat Sonja uns als professionelle Visagistin geholfen, dass alle so wunderbar strahlend aussehen und sich auch genau so fühlen.

Sabine Stähle-Brecht
bringt das Internet in Form.

Genau genommen: unsere Webpräsenz. Denn in gedruckter Form ist das Buch zwar am schönsten, aber doch etwas verloren. Wir wollen im Internet noch mehr Tipps geben – und die Möglichkeit, uns zu fragen, wenn mal was unklar ist. Sabine macht das alles möglich und geht mit uns online.

Sandra Walzer
findet Ideen und die richtigen Worte.

Als Fräulein Ideenfinderin (www.frl-ideenfinderin.de) kümmert sie sich um freie Texte, frische Konzepte und famose Ideen. Für dieses Buch hat sie den Veganer geweckt, auf jeder Seite und in jedem Rezept. Sandra nennt sich „Buchstabenliebhaberin" und hat für dieses Buch die Worte neu geordnet.

Notizen

Notizen

Notizen